회신 지연

민음의 시 338

회신 지연

나하늘 시집

민음사

자서(自序)

말줄임표는 거기에 원래 말이 있었음을 나타낸다.

2025년 12월
나하늘

일러두기

* 맞춤법과 띄어쓰기는 현행 맞춤법 규정을 따랐다. 단, 시인의 의도를 살리기 위해 일부 표기는 그대로 두었다.
* 문장 서두의 '〉' 부호는 앞의 연과 한 줄 띄운 것임을 나타낸다.

차 례

1부

문서정보 **13**
교외 실습 **14**
문제 4 **15**
작아지기 **16**
순무가 자라는 마을 **18**
(   ) **20**
마녀의 생일 **22**
밖에서는 볼 수 없는 집 **23**
숨을 수 있는 숲 **26**
추도사 **28**
사라지기 1 **30**

2부

회신 지연 **37**
제목 **39**
c/o **40**
할머니 없음 **42**
파티 **44**
이 문장을 읽지 마시오 **46**
사라지기 2 **48**
부상 **50**

스머징 52

ㅁ 54

소도시 여행 56

사랑에 빠지게 하거나 죽은 사람 살리는 건 안 돼 58

○○ 60

비빔말 64

그가 누워 있다 68

일기 69

커트 코베인 평전 70

문제 1 72

3부

사라지기 3 75

반마녀 76

이하의 동작 77

리틀쿠바 78

〈의자〉의 너비 80

시간이 느리게 가는 시 82

문제 5 83

기다림 84

쓰기 시간 86

ㅎㅇㅅㄴㄷ 88

읽을 수 없는 책 90

읽을 수 없는 책 **91**

유령서점 **92**

미도호스텔 **94**

도쿄 **95**

서양미술사 **96**

피자인간 **97**

재채기 **98**

그는 방금 새로운 단어를 배웠다 **100**

낙원과 추방 **102**

4월 24일 **103**

사라지기 -막 **104**

작품 해설 - 양경언(문학평론가)

언어의 숨바꼭질로 저항하기 **107**

ized by the
1부

문서 정보

나는 내 앞에 있는 친구가 여자라고 생각했다

곱씹어 보니 친구는 오랫동안 디스포리아를 느껴 왔고 자매애 같은 것으로 묶일 때에도 기분이 이상하다고 했다

문자 수(공백 포함): 80

교외 실습

베케트가 마녀였다는 주장이 설득력을 얻게 된 것은 고도…… 가 시간을 다루는 법에 관한 사실상의 교과서로 이미 기능해 왔기 때문이다 극의 두 중심인물은 오랜 기다림 속에서 시간이 빨리 가게끔 하는 행위들을 터득한다 낯선 사람에게 말 걸기 버려진 구두 신어 보기 다른 이름으로 불러 보기 친구를 껴안기 나무에 목 매달기 등 마법 행위를 통해 저자는 1막과 2막 사이의 시간을 좁혔다가 한없이 늘어뜨리는 데 성공한다 이 수업의 목적은 이것을 직접 실습해 보고 생의 특정 구간을 서둘러 지나가는 데 있다

문제 4

※ 아래 문장을 순서에 맞게 배열하시오.

하얀 그저께 민지 친구 는 공책 을 던지고 배구공 에게 넘겼다 오늘 을

(   )

작아지기

작아지기는 변신술/둔갑술의 일종으로 통념과 달리 유용하게 쓰일 수 있다 처음 이 주제가 연구되기 시작한 것은 한 마녀가 특정 상황에서 자신의 키가 미세하게 줄어든다는 것을 눈치채면서부터라고 알려져 있다 책을 읽으면 작아지고 손잡이가 있는 유리컵 속에 들어가도 될 것 같다 마녀는 일지를 작성했고 작성하는 동안에도 꾸준히 작아져서 13년 차 이후의 기록들은 돋보기나 현미경을 통한 독해가 요구된다 나는 몸을 따뜻하게 하기 위해 오래 자야 했다 일지의 마지막 기록이다 정확히는 식별 가능한 마지막 기록으로 이다음에 적힌 글자들은 글자라기보다는 작은 점의 연속처럼 보인다 실제로 이 시점에 그는 실종되었는데 후학들 역시 행방이 묘연해진 이들이 대다수이므로 작아지기는 오늘날 연구가 권장되지 않는다 그럼에도 무력하게 이 주술에 천부적 재능을 가진 이들이 있는데 이들은 유년기에 꼭 맞는 사이즈를 신어도 신발이 잘 벗겨지곤 했다는 공통된 경험을 공유한다 꼭 맞는다는 것은 고통을 수반하기 때문이다 이후의 고통은 고통이라기보다는 작은 점의 연속처럼 보인다 작은 점 작은 고통 작은 슬픔 작은 내가 작아지면 나의 슬픔도 같이 작아지고 나의 사랑도 같이 작아진다 사랑은 그래서 사랑의 반대말을 사랑이라고 여긴다 다시 커지는 법에 관해서는 단 한 가지만이 알려져 있다 타인 한 사람이 작아진 사람과 함께 작아져 주는 것이다 이외의 방법은 아직 밝혀지지 않았다

순무가 자라는 마을

서른 살이 되어도 치과에 가는 건 여전히 싫다
어제 쓴 엽서의 첫 문장이다

그는 이 지역에서 사귄 첫 번째 친구이고 음식을 주문할 때면 반드시 오이는 빼 주세요 라고 말한다 호밀빵을 살 때에도 내기에 지고 혼자 설거지를 몰아서 할 때에도 오이를 빼 달라고 말한다

이 지역 사람들은 평생 순무를 먹으며 사는 거야 너는 순무에 관해 잘 아니 순무와 그냥 무의 차이에 대해 연필과 코끼리의 유사성에 대해 입안을 남에게 이토록 자세히 보여 줘야 한다는 게 이상하지 비옥하지 않은 토양에서도 잘 자라고 비료 없이도 서른 살이 되어도 잘 자라며 좀 추운 기후에서도 잘 자라고 관개로 물을 대지 않아도 재배가 가능한 그런 좋은 순무를

너는 아니
우리는 만지면 행운이 온다는 기둥을 일부러 찾아가서 만지고 돌아왔어

> 엽서의 다음 문장을 적는다 비옥하지 않은 토양에서도 오이를 먹지 않는 그런 좋은 친구를 사귀었다고 이곳에선 아무 레스토랑에나 들어가도 호밀빵과 순무 수프가 나온다고 이곳 사람들은 전부 그렇게 산다고

    너에게
    알려 주고 싶었어 너에게 말하기 위해서
    나는 이곳으로 떠나왔구나
    친구를 사귀고 크게 아 해 보세요
    앙 다물어 보세요
    행운을 만져 보세요
    같은
    일들을 살고 있구나

(   )

I cried in my friend's arms yesterday

어제는 친구의 품에 얼굴을 파묻고 울었다

두 문장 사이에는
(   ) 차이가 발생하지 않는다

말하고 싶은 생각을 친구에게 말하고 나면
말하고 싶지 않아질까 봐
말하지 않는다

(그런 식으로 까먹어 버린 생각들
1
2
3   )

친구의 티셔츠의 목에서
어깨로 이어지는 부분에서 울었다

> 눈물을 함부로 묻혀도 되는 사이
그러나 함부로 대해도 된다는 느낌이 아니라
그러니까

우리를 번역하는 일을 자주 포기하는

(그럼으로써 옮겨지는 마음들
4
5
6   )

내가 매일 쓰는 한국어 단어는
(   )
이며 (   )는
영어로는 맥락에 따라 다른 단어가 된다

마녀의 생일

원래 마녀였지만 더욱 마녀가 되기로 해서 친구들 앞에 공식적으로 발표했다 그러자 친구들이 생일 선물로 타로와 오라클 덱을 주고 명상에 도움이 되는 인간 형상의 밀랍초도 주었다 불을 붙이면 머리부터 녹거든 그 사실이 왜 마음을 비우도록 돕는지 이해 못 했다 어쩌면 그래서 내가 마녀인가 마녀는 생일에 소원을 빌지 않는다 마녀는 태어나는 게 아니라 길러진다는 말이다 다음 선물은 마녀 견습생한테 정말 필요한 거라고 했다 레시피대로만 차를 우리면 졸릴 때에도 마녀가 될 수 있다 레시피는 인간 형상을 하고 있으며 몸통만 남고 머리는 불타서 기억력이 나쁘다 마녀들은 기다란 초를 하나씩 들고서 바람에 촛불이 꺼지면 서로의 목숨을 빌려준다 어둠 속에서 각각의 생이 꺼졌다가 켜졌다가 망각되었다가 떠올랐다가 하는 모습이 보인다 우리 좀 더 모여 있자 가까이 있으면 살릴 수 있잖아 그러다 바람이 크게 불어 한꺼번에 잊혀지면, 다시 태어나면 돼 이렇게

밖에서는 볼 수 없는 집
— 해양소녀단* 일지

여기까지 오는 길에

  버려진 자동차 버려진 편의점 버려진 해안선 버려진 선생님 버려진 미끄럼틀을 보았다 버려진 이메일 버려진 접속사 버려진 횡단보도 버려진 여름 버려진 절멸 버려진 기쁨 버려진

  단원들은 필요한 것들을 주워 가방에 담았다
  이것은 버려진 비유를 주워서 업싸이클링한 문장이다

  이 집의 주인은 어디로 간 걸까요 단원들은 마을 끝에서 한옥을 개조한 집을 발견했다 사람이 떠난 지 한참 된 집 같았다 불을 피우며 오늘 나열한 식물들과 동물들을 떠올리자 밤이 되었다 밖에서 괴생명체들이 무언가를 물어뜯는 소리가 들렸기에 단원 하나가 가방에서 미래를 꺼냈다 고장 난 거 아니에요? 미래는 잘 작동하지 않는 듯하다가, 이내 발가락을 한 번 꼼지락댔다 이런 이야기는 너무 밝아서 괴생명체들이 빛을 따라 몰려올지도 모를 일이었다

요즘 내가 누구인지를 자꾸 잊어요 단원 둘이 용기를 내 버려진 이메일을 꺼냈다 켤 수는 없었지만 작게 깜빡거리는 게 분명

어딘가에 도착한 적 있는 문장들 같았다 단원 셋은 커튼을 쳐 빛을 꼼꼼히 숨겼다 그러자 이곳은

밖에서는 볼 수 없는 그런 곳이 되었다

단원들만이 여전히 단원들을 볼 수 있었고
우리들만은 우리가 누구인지를 잊지 않았다

이것은 마을 끝에 버려진 집을 고쳐 지은 시이다

아침이 되자 단원들은 세상이 끝나기 전과 같이 청소를 했다
단원들이 그곳에 다녀간 일을 아무도 알지 못했고
미래만이 그 사실을 알고 있었다

* 나혜, 「해양소녀단」으로부터(『하이햇은 금빛 경사로』, 아침달, 2024).

숨을 수 있는 숲

고양이 두 마리가 장난을 치고 있다

숲을 나가기 위해 우리는
그 길을 지나야 하고
고양이를 놀래키는 일을 그만두고 싶은데

쟤네들은 자매일까 친구일까 아니면 파트너일까

이렇게 작은 숲도
숲이라고 할 수 있을까

이 꽃이 내 탄생화래
태어나지 않은 채로 말해 본다

너는 구두점을 간지러워하니까
마치거나 쉬지 않고
죽거나 태어나지 않고

숨을 수 있는 숲에서

숨을 세면서
숲을 나가는 길을 바라본다

눈 뜰 수 없을 만큼 빛이면
어둠이라고 불러도 될까

숲은 우리를 숨겨 주지 않으니까

그만두면 어때
고양이를 놀래키는 일을
그것들을 받아 적는 일을

사이 좋은 자매처럼 우리는
고개를 맞대고

추도사

 한 시인이 숲의 내리막에서 미끄러지며 발목에 가벼운 부상을 입었다. 그 뒤로 그가 입스를 겪게 되었다는 것이 주변 사람들의 생각이다. 그러니까 그는 어느 날 평소보다 조금 이른 새벽에 깨어났는데, 자신이 더 이상 아주 간단한 비유도 구사할 수 없게 되었음을 깨달았다. 그때까지 그는 비유, 그중에서도 활유 표현을 아무런 의문 없이 수행해 왔다. 얼마 전에도 동료들과 숲에 가서 벌레와 곤충이 기어다니는 완전히 수평으로 구부러진 나무를 관찰하고 두드려 보았다. 이 나무는 살아 있는 거죠. 그가 물었다. 거기서는 전부 살아 있는 걸로 보이나 봐요. 여기서는 다 죽어 있는 것으로 보이는데.* 동료가 답했다. 그로부터 얼마 뒤, 그는 더는 그가 겪은 일을 비유할 수 없게 되었다. 비유란 진심을 전할 때 마음에 이물감이 들지 않는 유일한 언어였는데. 이제 어딘가 자꾸 어긋나는 기분이 들어 참을 수 없었다. 그를 둘러싼 모든 것들이 죽은 것처럼 느껴졌다. 그릇에 담긴 음식이, 벽이, 침대가, 연인이. 모두 이미 오래전에 죽었음을 알게 될 뿐이었다. 이 때문에 입스라는 용어는 시를 쓰는 사람들 사이에서도 널리 쓰이게 되며, 그의 죽은 연인은 그런 그를 위한 추도사를 썼다. 비유로 가득한. 그가 여전히 살아 있는 것처럼 느껴진다고. 우리가 자라던 자리는 이제 다른 많은 숨들의 서식지가 되었다고. 적혀 있는.

* 숲에서는 시가 사라진다. ─로 위에(lo wie), 『아무도 보내지 않은 편지』(오롤로북스, 2025).

사라지기 1

그 시기 나는 사라지고 싶다는 오랜 소망을 두 번째 방식으로 실현하고 있었다. 첫 번째는 베를린에 갔던 거였고, 거기서 내가 다른 나라에 있기를 원한 게 아니라 여기 없기만을 원했다는 걸 깨달았다. 두 번째 시도에서는 모종의 인식론적 전환에 기대 보았다. 어느 시점부터 가족과 친구들을 만나지 않고 오직 I과만 긴밀하게 소통했다. 특정 소셜미디어에서도 탈퇴했다. 이때 알게 된 것 중 하나가 온라인상의 나를 지움으로써, 비유가 아니라 말 그대로, 실제 내 일부를 삭제하는 일이 가능하다는 것이었다. 현대인이 통신네트워크에 접속함으로써 존재를 무한히 확장할 수 있다면, 전자기기가 연장된 신체로서 나를 살고 있다면. 반대로 나를 끄고, 비활성화함으로써 나를 얼마간 축소하고 죽이는 것 역시 가능하지 않을까.

나는 사라졌었다.

어느 날 갑자기 사라진 것은 아니고 서서히 자취를 감추었고, 몇 해에 걸쳐, 아마도 베를린에 다녀오고 친척, 친구들, 지도교수 등등을 실망시키고 원성을 샀을 때부터.

처음에 그들은 내가 잘 살고 있으며 자신들을 외면한다는 느낌을 받는 것 같았다. 다른 이들은 이해 못 할 확신과 기쁨, 혹은 불행에 빠진 사람처럼 선량한 주변 사람들과의 관계를 지루해한다는 식으로 비난했다. 그래서 소소하지만 소중한 오랜 관계들을 망가지도록 내버려둔다는 것이었다.

어쩌면 내가 그 모든 관계들을 망쳐 버렸다는 것, 그것만은 진실이었다.

내가 고통받았고, 힘든 시간을 보내다 약물치료를 받으며 좀 나아졌다는 소식을 들으면 그들은 나를 잠시 이해했다. 나는 언제나 그 이해가 의아했다. 사실은 잘 못 살았고 잘 못 지내고 있다는 게 뭘 해명해 주는 건지 그때는 알지 못했다.

그렇게 나는 몇 년에 걸쳐 l과 친언니를 제외한 모든 관계를 이어갈 능력도, 자격도 없다는 생각에 잠식되었다. 그렇게 의외로 밝은 면이 많았던 시기를 완전히 끝내 버리고 서서히 사라졌다.

 마침내 한 해가 끝나기 전, 크리스마스를 앞두고 서점 일까지 그만두고 방에 틀어박혀 나오지 않게 되었다. 그럴 수 있었던 것은 아무래도 l과 l의 작은 서가 덕분이다. 서가는 열 평 남짓한 방이었다. 천장에는 여느 집과 마찬가지로 형광등이 설치되어 있었지만 l은 절대로 보조등만을 사용했기 때문에 공간은 항상 어두웠다. 서가에는 이 인용 소파와 오래전에 천으로 덮인 업라이트 피아노 한 대가 있었다. 그럼에도 내가 이곳을 서가라고 부르는 이유는 벽면에 설치되어 있던 삼단 책장의 존재감이 그 방을 지배하고 있었기 때문이다.

 소파에 올라가도 손이 잘 닿지 않는 맨 위 칸에는 맥도웰에 관한 l의 학위논문과 시인인 그의 어머니가 집필한 시집들이 쌓여 있었다. 주변에 선물하라고 여러 권을 주셨지만 실제로 선물하는 모습은 딱 한 번 봤다. 언젠가 Y씨가 서가에 왔을 때 일로, 둘의 어머니가 공교롭게 모두 시인이었다. 잘 읽을게요. 둘은 약속한 시집을 교환하며 그런 말을 주고받았지만 아마 실제로 읽지는 않았을 것이다. 그 교환이 둘의 관계에 있어서 이미 하나의 완성된 의식이었기 때문에 구태여 다른 행위를 더할 필요가 없었다. Y는 몰라도 I은 어머니의 작품조차 첫 시집 이후로는 잘 읽지 않는 것 같았다. 한 번은 내가 근작을 들춰 보다가 어머니도 너처럼 비위가 잘 상하시나 봐. 구토감이 있다든가 하는 표현이 여러 번 반복되네, 하고 말했다. I은 읽지 않아서 몰랐다고 하면서도 내가 말한 구절을 확인하고 싶어 했다.

2부

회신 지연

누가 나를 찾으면
아프다고 말해 주세요
지금 서울에 없다고
죽었다고

폭설이 쏟아져서 갈 수 없었어요
전파가 닿지 않는 지역에 있어서
기차가 파업을 해서
사고로 길이 막혀서
전염병에 걸려서
이륙하지 못하듯이

어떤 생각을 하느라
책을 읽느라
잎을 만지느라
내일 아팠던 터라

지금 답장할 수 없다는 말은
쉬이 용서받기 어려운데

> 그러나
도저히 열어 볼 수 없었다고
그게
내가 살아 있다는 뜻이라고

제목

이 문장을 읽는 데에는 6초가 소요된다

시 전체의 낭독을 위해서는 평균 33초가 필요하다
이는 시인이 직접 소리 내어 읽을 경우를 말하며

허구적 시간과 실제 시간의 불일치는 발생할 수 있다

c/o

이탈리아 등 많은 서구권 국가에서, c/o 는 (다른 사람 집으로 누구에게 보내는 편지를 쓸 때) ……씨 댁 내 [전교]를 의미한다. "at" 과 동의어이다.

영어 문구 care of에서 유래되었으며 자신의 주소가 없거나 본인의 주소가 아닌 곳에 사는 사람들에게 우편물을 배달할 수 있도록 허용하는 목적을 가지고 있다. 관련 문자는 유니코드 U+2105로 인코딩된다.

예를 들어, Sophia Stein(우편함에 표시된 이름)과 함께 머물고 있는 Na Haneul이라는 사람에게 보낸 편지가 있는 경우 주소는 다음과 같이 표시된다.

Na Haneul

c/o Sophia Stein

Mommsenstr 51

10629 Berlin

> Stein 부인이 우편함을 비운 후 Haneul에게 편지를 전달할 것이다.

할머니 없음

지난 몇 년간 어떤 파티에도 초대받지 못했어요
그레타 툰베리가 나오는 다큐멘터리를 본다

공용 주방에서 플랫메이트를 만나는 일이 끔찍해서
할머니가 된 나를 상상하기 어려워
말하면 그는 너에게

괜찮아, 생각해 봐
한국말로도 형편없었잖아

괜찮아

나도 누가 한 번 구워 먹으면 끝인 건데
라고 플랫메이트에게 대답한 것은

네가 너의 엄지손가락을 보며
닭다리를 닮았다고 생각하고 있을 때
누군가 너의 저녁 메뉴를 묻기 때문이지
너의 모국어가 훌륭해서가 아니다

> 그러니 괜찮아
한국말로도
후천적으로 사랑하게 된 것들이 많으니까

너는 이미 초대되었다
적어도 쓸모 있는 얘기 금지인 모임에

파티

체리가 빈틈없이 올라간 케익
체리는 설탕에 절인 체리

당신은 이야기를 잘 들어주는 사람인가요
콜라를 좋아하는 사람인가요
오른쪽으로 누워 자는 쪽인가요
심심해하는 쪽인가요

진심을 말할 때는 다른 걸 섞어 주기
빈틈이 없는 체리케이크

강아지가 다가오면
나한테 개 냄새나나 봐
하는 부류의 사람들이 있죠
사람을 부류로 나누는 데 탁월한 부류의

간지럼
어지럼

> 사랑에 빠진 것처럼
　굴어요 왜
　모든 게 두 가지로
　보이는 호수처럼

　당신이 마녀였으면 좋겠다
　둘 중 하나는 거짓말인 거라면 좋겠다

　강아지가 다가오지 않아서
　좀처럼 말이 없는 체리
　체리는 배신 안 해

　이야기를 들어주는 체리 케이크

이 문장을 읽지 마시오

당신은 경기도에 산다

그것을 알아차릴 때
당신은 경기도에서 쫓겨나게 된다

우리에 대해 언급하지 않아야
우리는 읽을 수 있는 구조 속에 놓일 수 있다

이브가 선악과를 따 먹은 것은
경기도가 경기도임을 폭로하는 것과 같다

이것은 비유이다
그러므로 추방된다

8월 8일의 공간은 베를린 외곽
3층 왼쪽 집 문 앞에 붙여 둔 경고문

독일인들은 이를 읽지 못하며
따라서 베를린의 외곽이 형성된다

> 경기도에 사는 조카는 태어난 지 열 달 정도 되었으며, 언니가 내 앞에서 조카의 기저귀를 벗길 때 조카가 부끄러워하거나 인상을 찌푸리거나 최소한 유쾌해할 거라고 생각했는데 조카의 표정에는 조금의 변화도 없었다 당신이 읽어내지 못했는지도 모른다

우연히 4층 오른쪽 집에 방문한 한국인 유학생이 이를 읽는다

사라지기 2

내가 자란 집에서는 가족 구성원 사이에 독서를 하는 문화가 없었다. 시인인 어머니가 매주 한 권씩 가방에 세계문학을 넣어 주었다는 l과는 달리 말이다(그것을 읽지 않는 것이 l에게는 저항이었다).

내가 처음으로 독서를 하게 된 장소는 언니의 병실 간이베드 위였다. 학교에 못 가는 아이들을 위해 운영되던 이동식 도서관을 기다리게 된 것은 병원이 어떤 틈새 공간이었기 때문이다. 언니는 그 공간에 끼어 자신을 잃어버리며 점점 더 언니가 되어 갔다. 나는 언니의 머리맡 보조등 불빛에 의지해 해가 진 후에도 글자를 읽었다.

질병이 벌이 아니라는 사실을 언니를 통해 일찍이 배웠다. 언니는 어려서부터 여러 번 죽었다 살아났다. 베를린에 가는 것을 사람들이 만류할 때 걔는 거기 가야 살아요, 하고 나를 변호했던 유일한 사람. 언니는 죽음에 대해, 죽음의 속성에 대해 우리 중 가장 잘 알고 있었다.

사람을 살리는 데에는 여러 방법이 있겠지만 내가 발견

한 사실에 의하면 최대한 죽음과 다름 없는 상태를 만드는 것이 좋다. 그러면 신체가 죽었다고 착각해서 얼마간은 죽음을 요구하지 않게 된다. 언니는 그것도 알고 있었다.

독서, 여행, 그리고 지속되는 누움은 죽음과 닮았다. 언젠가 너무 오래 누워 있었던 것에 대한 대가를 치르게 될까. 나 정말 게으르지. 게으르단 생각은 안 해 봤는데. 1이 답했다. 그러면 정말 누워 있지. 누워 있기는 하지. 나는 벌을 받는 중인 것 같다. 라는 생각에 한 주간 며칠 정도 영향 받았는지 묻는 문항. 그러니까 언니는 다 알고 있을까.

내가 살아 있었다는 걸. 질병이 벌이 아니듯이. 이 도시를 떠났기 때문이 아니라, 그 도시에 가면 속죄할 수 있다고 믿는 얼굴을 이해하는 한 사람으로 인해.

부상

의사에게 더 이상 시인으로는 살아갈 수 없는 건지 물어보지 못했다
그러나 나의 모국어가 입은 손상의 정도를 자각할 때면 그것은 몹시 회의적이었다

언니는 사랑을 믿지 않았던, 그것도 아주 심하게 경멸했던 일련의 시인들을 열거하더니
나중에는 다른 나라 말로 시를 쓴 시인들까지 찾아내었고
머리맡에서 그 부서진 말들을 읽어 주었다

병상에서 일어나면 다시 좋아하는 옷을 입고
자주 가던 극장에도 가자고 했다
그러나 내 병의 예후를 살피면
그런 비유는 이제 내 몫이 아닌 것처럼 느껴졌다

내 말들은 완전히 망가진 머리에서 나오는 언어였으며
말을 뱉거나 삼킬 때마다
얼굴의 한 부분이 계속해서 무너지는 소리를

선명하게 들을 수 있었다

비가 오는 날에는 비를 맞고
눈이 오는 날에는 눈밭에 발이 빠지면서
살고 싶다
겨울이 오고 싶다

여기까지 내가 삼킨 말 조각을 하나뿐인 나의 언니가 모국어로 옮긴 것이다

스머징

 아침에 일어나면 스머지스틱을 피우고 싶은데 라이터 사 오는 걸 계속 깜빡한다 습관이 안 돼서 그래 나는 라이터가 있어도 계속 사거든, 이라고 어떤 애연가가 말했는데 정확한 표현은 아니다 실제 문장은 어딘가 조금 더 라이터 없음 상태의 불안과 무의식적 측면이 강조돼 있다

 기내 라이터 반입은 일 인당 하나로 제한되어 있다 그가 쇤베르크에 의해 음악가라기보다 발명가라고 칭해졌다는 점은 그의 음악적 탁월성을 폄하하는 증거로 자주 인용되곤 한다 보안 검색대에서 라이터를 버리기 위해서는 우선 라이터가 여러 개 있고 다음으로 그 사실을 잊어야 한다

 스머지스틱을 피우고 싶은데 이 말은 원어 표현의 뉘앙스까지는 전달하고 있지 않다 실제 문장은 훨씬 더 아름답고 나무랄 데 없다

 그러나 그는 스승의 그 말을 자랑스레 퍼뜨리고 다녔다 왜 그랬을까 그러게 우리한테 중요한 얘기로 들려 그는 라

이터를 사는 습관이 있고 공항으로 간다

ㅁ

세탁기 돌아가는 소리 들렸다
빨래가 발견되지 않았다

ㅁ이 집에 놀러 왔다
베란다에 있는
저 더러운 것들은 뭐냐고 물었다
아무것도 아니야
아직 정리 중이라 그래

베란다로 가서
ㅁ을 열었다

문을 열었다
마음을 열었다
미움을 열었다
밈을
믿음을
무릎을
멍멍이를 열었다

하루 종일 열 수도 있어

발견되지 않았다
ㅁ을 닫았다
세탁기 돌아가는 소리 들렸다

소도시 여행

 친구가 사는 소도시에 놀러 갔다 친구가 이렇게 사는구나 친구가 살고 있다 친구가 정말로 살고 있다 살아 있는 친구 밥도 먹고 티브이도 보는 친구 내가 살던 도시로 돌아가는 게 무서워 떠나온 도시 이전에 떠나온 도시에서도 무서웠고 무섭지 않은 도시를 찾아서 평생 떠돌기 이 모든 것을 멈출 유일한 방법에 대해 떠올린다 그것에 대해 최근 반복적으로 생각한다 그는 생전에 세상에 마음 붙일 사람 하나 만들지 못했다고 전해진다 밥도 먹고 티브이도 보고 하는 친구 없이 친구가 차려 준 밥을 먹는다 친구가 데려가 준 공원에 앉는다 커다란 두 나라 사이에 끼인 작은 나라의 소도시에서 철학을 공부하는 친구가 너한테 그런 친구가 있었나 전에 말한 적 있잖아 남쪽 지역은 날씨가 좋아서 철학자도 나오지 않는다고 대신 이 도시의 자랑인 초현실주의 화가 이 도시의 자랑인 것들 초콜릿과 맥주와 함께 초현실주의 화가가 자랑이고 새 도시에 갈 때마다 그 도시의 자랑인 것들을 새롭게 알게 된다 그는 생전에 이 도시에서 고통받았다고 읽었다 이 도시에서 자란 초현실주의 화가는 어린 시절 어머니가 자살했다고 적혀 있다 자세히 모르고 싶었는데 드로우닝이 뭐더라.

익사. 뭐라고. 익사. 커다란 두 나라 사이에 끼인 작은 나라의 소도시에서 철학을 공부하는 친구가 답했다 그는 이 도시에서 추방당했고 이 도시 사람들은 왜 눈을 마주치면 웃을까

사랑에 빠지게 하거나 죽은 사람 살리는 건 안 돼

세 가지 소원을 이뤄 주는 램프의 요정도

약속에 항상 늦고
끊임없이 이직을 희망하며

너무 길고 지루하므로
다음으로 요약하겠습니다

지금부터 코끼리를 떠올리지 마세요

책을 읽을 때 다른 생각을 심하게 하듯이
너를 미워하기에 나는 지나치게 산만하다

요약의 나쁜 점은 너를 제외한
다른 것들로부터 흥미를 잃게 한다는 데 있다

타고나기를 시간개념 없음
이 질병의 치료법은 무능이므로
이뤄줄 수 없어

〉 첫째, 사랑에 빠지게 하거나
둘째, 죽은 사람 살리는 건

그러면 그때부터 머릿속에
코끼리가 돌아다니기 시작한다

그 밖의 원하는 건
뭐든 다 들어준대도

무능하게
코끼리를 알게 되기

마음을 고요하게 만드는 법을 몰라서
수백 가지의 사랑에 빠지게 하는 법과
수천수만 가지의 죽은 사람 살리는 법만
떠올렸다

ㅇ ㅇ

0.
월요일 앞에 앉아 있었다

0.
오이를 싫어하는 사람 중
심각한 사람은 수박도
싫어하고
공중화장실에 오이 비누가
비치되어 있는 것을
참지 못한다
애인은 오이를 먹지 않았으므로
오이와 악연이
깊었다

0.
애인이 얻어 온
영원의
옆얼굴을 보며
앉아 있다

> 0.
이쯤에서 오이와 관련된 모든 문장은
과거형으로 수정되어야 마땅하다

0.
아직 우왕좌왕 중인
오월
우월
웃음
울음
그리고
영원과 입원은 어원이
같다

0.
원인은
애인의
손에서 오이 향이 났기 때문

> 0.

오이의

애인은

은유

0.

○○은 ○○와

닮은 ○○을 보고 놀라

입원했다

병명은

○○의 이웃

0.

애인을 미워하는 사람 중

심각한 사람은

올리브영에서

음악이 나오는 것을

참지 못한다

애인을 잊었으므로

애인과 인연이
깊었다

0.
없음

비빔말

 여행에 관해 상의하던 중 친구가 말했다 정말 미치지 말아야겠다 얘들아 미치지 말자 내가 말이 없을 때 라고 시작하는 말을 친구는 종종 했다 미치면 말의 처음과 끝이 이어지지 않는 말비빔 현상이 나타난다고 하는데

 책에선 괜찮지 않을까
 그 당시에는 가끔씩 어딘가에 신이 그래도 나는 우연히 좋은 날을 만났다 나는 가볍게 뭘 먹을 수도 있지만 먹지 않을 예정이다*
 이렇게
 처음 하려던 말이
 마지막에 가서 좀 달라져도
 헤어질 때 전혀 다른 표정 지어도
 낡기 전에 새 걸로 바꾸고
 그래서 결론 못 짓고
 부활 못 하고
 매일 처음 태어나기만 하는
 그렇기만 하는 책을 너는
 견딜 수 있겠어

말비빔
뒤섞인
지리멸렬의 극심한 형태
처음과 끝이 이어지지 않는 목걸이
처음과
끝이

사람들은 처음과 끝이 닮은 구조를 사랑하고
끝을 받아들이는 거의 유일한 수사법은
우리 여기서 시작했잖아, 이 공항에서. 그러니까 우리 정말 끝인가 보다. 바닥에 나란히 앉아 활주로를 바라보던 그때와 같은 장면이다. 그러니까 연인아,
우리 여기서 명료해질까

그 말이 왜 나왔지 지금
여행 얘기 중이었어
책에선 괜찮지 않냐고
아니 나는 더 이상
특정 벤치에 너무 오래 앉아 있는 여자였다고

내가 말 없을 때
그 당시에는 가끔씩 앉아 있을 예정이야
책에서는
흘린 조각을 따라가는 아이들이 있고
부러짐 이전에 언제나 복선이 있고
긴 기간 계획해서 물을 엎질러야 하며
이 모든 것을 지속하는 데에는 충분한 개연성이 요구된다

무진에 오신 것을 환영합니다
그 말 뒷면에 잘 가라고 적혀 있는 것 그게
문학에서 화행이 완료된다 라는 거래
그렇게 책은 사실은 미친 사람들의 언어가 아니라는 점에서
책은 절대로 미치지 않았다는 점에서
미친 사람은 책을 뒤집거나
거꾸로 읽게 된다는 점에서
아주 큰 슬픔을 느낄 만큼
아주 큰 책이

* 사뮈엘 베케트, 전승화 옮김, 『그게 어떤지 / 영상』(워크룸 프레스, 2020), 50쪽.

그가 누워 있다

이 말은 그가 걷고 있음을 의미한다

그가 걷고 있다
이 말은 그가 엎드려 있음을 의미한다

이상은 모두 그가 살아 있음을 의미한다
이 말은 다른 의미를 가지고 있지는 않다

일기

지금 와서는 그가 병상에서 유년기를 보냈다는 사실을 상상하기란 불가능했다.

그러다 마침내는 집을 떠나 7년 반 동안 79개국을 횡단한 사람이라는 사실을 믿기 어려웠다.

그리 오래되지도 않은 과거에 그가 한국어를 사용했고, 동양인이었다는 사실을 상상할 수 없었다.

그가 한때 가장 은둔적인 작가 중 한 사람으로 꼽혔다는 사실은 거짓말처럼 들렸다.

그가 바람이 강한 지역의 중등학교에서 몇십 년 동안이나 근속한 교사였다고는 도저히 여겨지지 않았다.

그리고 어떤 관점에서는 절대 있을 수 없는 일, 실종되었다 살아 돌아온 남자라는 사실을 정말이지 믿을 수가 없었다.

그가 한때 프리드리히 거리 역 지상 터널 안에서 책을 읽고 밥을 먹으며 잠자던 여자였다는 것도 좀처럼 믿기지 않았다.

그리고 또한 수십 년 동안 이 소파에 앉아 일기를 썼던, 바로 그 당사자라는 것도 전혀 믿어지지가 않았다.

커트 코베인 평전

a.
이 시리즈의 필진은 추천제로 편성된다

g는 h를 추천했고
t는 s를 추천했으며
i는 w를 추천

b는 아직 추천하지 않았다*

b.
양치를 잘 하지 않았는데 충치도 없었대
d는 커트 코베인의 평전을 읽은 적이 있다고 말했다

  이 시리즈의 추천제가 어떤 의미에서 더 이상
  기능하지 않게 된 것은 d가 커트 코베인의 충치 유무에 대한 내용 외에
  평전의 다른 부분을 전혀 기억하지 못하기 때문만은 아니었다

> c.

다른 멤버들은
커트가 생전에 과일을 즐겨 먹었기 때문이 아닐까
추측했는데 가설에 불과하고 아직 그 원인에 대해 정확하게 밝혀진 바는 없대
d가 말했다

d.
멤버들은
d가 과일을 전혀 먹지 않는 종류의 사람이라는 점에 대해서 함묵했다

* 워크룸 한국 문학 '입장들' 소개 글(https://workroompress.kr/product/215181/).

문제 1

※ 문장을 알맞게 연결하시오.

추운 데 오래 있으면	마음이 아프다
우울할 때에는	배탈이 난다
나는 그 친구를	하얀 색이다
그곳은 금방	얼룩져 있다
그리고 이제 나는	모르겠어요
주인 없는 가방을	혼자 지냈다
거실의 벽지가	알고 있다
	모은 것이다
	본 적이 있다

3부

사라지기 3

 시계를 고치는 게 좋을까. 아니, 오히려 문장은 형편없이 쓰고 싶어. 아마 그때부터 우리가 대화 중에 반문장이라는 용어를 사용하게 되었을 것이다. 그런데 문장으로써 해 보고 싶다는 거 아니야? 아니, 그냥 말로써 해 보는 거 어때.

 오두막이 필요하다. 우리가 사랑하는 철학자도 인생의 특정 시기마다 자신의 오두막으로 숨어들었다. 당시에 서가는 나에게 오두막과도 같았는데, 그 오두막을 갖게 되면서부터 열두 시를 때로 세 시라고 부르게 된 게 아니었을까.

 얼마 뒤 우리는 반음악 연주자 친구들의 숲에 초대받았다. 친구들은 책을 찢어서 악보라고 부르고 나뭇잎을 도토리라 부르고 새를 가리켜 바위라고, 행인들을 오케스트라라고, 산책은 연주, 오두막은 음악이라 불렀다.

 이 글을 쓰고 있는 지금 책상에 앉아 당시의 연주회를 회상하자니 다시 오두막이 가득하다.

반마녀

 한 중학생 마녀는 학교에서 도망쳐 날아가는 동안 스무 살이 되었다 집에 도착하자 다른 지역에 살고 있던 언니가 오랜만에 집에 와 있었다 언니는 반가워서 마녀의 목을 졸랐다 목 조르기는 마녀들 사이의 대표적인 애정 표현이다 누구도 감히 마녀의 목을 조를 수 없기 때문이다 그러나 언니는 이내 당황하기 시작했다 마녀가 얼굴을 찌푸리고 숨 막혀 했던 것이다 마치 인간처럼 엄마 얘가 왜 목이 졸려져요 그 애는 이제 마녀가 아니야 학교에서 겪은 일을 이해할 수 없었던 마녀는 긴 기간에 걸쳐 마법의 목을 졸라 왔고 마음 깊숙이 그것을 덮어 두었다 마법은 언어 같은 거라서 마녀의 마력 형성에 있어 청소년기는 아주 중요하고 한 번 성인이 되고 나면 영영 되돌릴 수 없단다 마녀는 드디어 마법을 잃어버린 것이 기뻤지만 이후에도 끝내 마녀라고 불렸다

이하의 동작

a가 b의 책을 받고, b는 두 손으로 c의 책을 매만진다. a는 b의 책을 받아 쓰고 제 것은 b에게 건넨다. b가 a의 책을 받는다. a가 두 손으로 b의 책을 매만진다. b는 c의 책을 벗고 a의 책을 쓴다. c의 책은 a에게 준다. a, c의 책을 쓴다. b, 두 손으로 a의 책을 매만진다. a, b의 책을 벗고 c의 책을 쓰며 b의 책은 다시 b에게 넘겨준다. b, 제 책을 받아 든다. a, 두 손으로 c의 책을 매만진다. b, a의 책을 벗고 제 책을 쓰며 a의 책은 a에게 넘긴다. a, 제 책을 받는다. b, 두 손으로 제 책을 매만진다. a, c의 책을 벗고 제 책을 쓰며 c의 책은 b에게 넘긴다. b, c의 책을 받는다. a, 두 손으로 제 책을 매만진다. b, 제 책을 벗고 c의 책을 쓰며 제 책은 a에게 넘긴다. a, b의 책을 받는다. b, 두 손으로 c의 책을 매만진다. a, b의 책을 b에게 넘긴다. b, 그것을 받자 a에게 다시 넘긴다. a, 그것을 받자 b에게 넘긴다. b, 그것을 받아 내팽개친다. 이상의 동작은 모두 재빠르게 진행된다.*

---

* 사뮈엘 베케트, 『고도를 기다리며』 '모자' 장면으로부터.

리틀쿠바

 신촌 리틀쿠바에서만 진정한 쿠바 요리를 맛볼 수 있다. 그러므로 한국에는 쿠바 토박이가 세 명뿐이다. 쿠바 사람 승혁은 리틀쿠바의 새로운 총리이다. 나머지 두 명의 쿠바 토박이는 에밀리와 켄타로. 중에서 고른다.

 같은 시각, 에밀리는 콩이나 바나나로 된 수프를 끓인다. 숲을 휘젓다 보니 외할아버지 생각이 난다. 외할아버지 생각을 하고 있는 사람은 켄타로인데, 그는 난로를 당신 쪽으로 당겨 준다. 그는 아주 길고 특이한 치마가, 본인에게도 있다고 말한다. 그걸 왜 그렇게 쓸쓸한 표정으로 말해야 하는 건지는 알 수 없다.

 해가 구름에 가렸나 보다. 물을 쏟았을 때는 그걸 치우는 게 가장 중요한 거니까. 아무리 특이하고 화려한 천도 검게 보이니까. 잠시 동안 홀이 어두워지면 당신은 승혁, 에밀리, 켄타로 중 한 명이다.

 신은 벗어서 아무 데나 던져둔다. 신이 이 평원에 버려진다면 개나 무서운 새들에 의해 갈기갈기 찢겨지고 말

거라고. 구름을 보며 기도를 하는 동안 쿠바에 있는 외할아버지가 끓고 있다. 숲 뒤에서 쿠바 사람 승혁의 목소리가 들렸고 돌아보지 않았다.

〈의자〉의 너비

〈의자〉는 목재 설치물 및 지휘자의 퍼포먼스,
가상 악기 사운드로 구성되어 있다
1부와 2부는 각각 150분이며
15분의 인터미션을 포함한다

공간은 암막 커튼에 의해 이중 차단되어 있기에
입장 과정에서의 접촉이 불가피하다
목재 설치물은 앉거나 기대기 불편하게 설계되는 방식으로
관객을 〈의자〉에 안전하게 배치한다

그럼에도 불구하고 관객의 다수가 공연 중에 졸려 할 수 있는데
 이 졸음까지가 공연의 일부이다

만약 관객이 〈의자〉에 편하게 앉거나 기대는 법을 스스로 발명하고
 따라서 그들을 충분한 잠에 빠뜨리는 것에 실패한다면
 그날 공연에 대해 지휘자는 오랫동안 당황스러워할 것

이며

그것까지를 공연의 일부로 보자는 주장도 존재한다

시간이 느리게 가는 시

 전설적인 탈옥수 슬림 할리데이는 교도소에서 지낸 세월 동안 시간을 다루는 법을 깨달았다 디테일에 신경 쓰면 시간이 천천히 간다는 것에 착안해 반대의 효과를 이끌어낼 수 있었던 것이다 시간이 멈춘다면 광장도 밀실이다 그의 방에 그 대신 남아 있던 문장이다 시간이 멈춘다면 광장도 밀실이다 그의 방에 그 대신 남아 있던 문장이다 시간이 멈춘다면 광장도 밀실이다 그의 방에 그 대신 남아 있던 문장이다 시간이 멈춘다면 광장도 밀실이다 그의 방에 그 대신 남아 있던 문장이다 시간이 멈춘다면 밀실이다 그의 방에 그 대신 시간이 멈춘다면 밀실이다 그의 남아 있던 문장이다 시간이 밀실이다 그 대신 있던 시간이

문제 5

※옆 사람과 역할을 나누어 다음 대화를 큰 소리로 읽으시오.

A: 너는 휴일에 무엇을 하니?
B: 나는 개와 낮잠을 자, 너희는?
A: 우리는 함께 영화를 봐. 내가 팝콘을 만드는 동안, C는 좋은 영화를 하나 골라.

기다림

이 없는 집
이 없는 주인
이 없는 운동화
가 없는 어른들
이 없는 숨
이 없는 목소리
가 없는 예수
가 없는 새벽
이 없는 혀
가 없는 시신
이 없는 아이들

이 없는 봄
이 없는 봄
이 없는
  없는

\> 봄
　이 없는
　　　　여름
　　　없는 장마
　　　없는 일기장
　이 없　나
　가　　 너
　　없
　　　는

쓰기 시간

 너를 그대로 적었는데 고칠 데가 없다. 고치고 싶은 데가 없다. 나는 너의 눈도 좋고. 너의 표정은 특히 좋고. 너의 눈 밑 흉터가 좋아. 흉터를 좋아해서 미안해.

 말랑한 사람이 되고 싶나요 단단한 사람이 되고 싶나요. 나는 조랑말. 조랑말은 근육질로서 단단하며 등허리가 곧고 길며, 꼬리에는 털이 많고. 너에게는 옆모습만 보여주고 싶다. 되도록이면 오른쪽 옆모습. 그러나 어째서 옆모습을 볼 때는 늘 훔쳐보는 기분이 드는 걸까. 어쩌다 너는 눈 밑에 흉터를 갖게 된 걸까. 조랑말 각 지역의 풍토에 적응하며 거친 먹이에 잘 견디며 지구력이 강한 조랑말.

 맞춰 봐. 네가 웃으며 말했기 때문에 나는 맞추지 못할 것이다. 연줄에 베인 거야. 바람이 많이 부는데도 타래를 놓지 않았거든. 아팠겠다. 엄마가 많이 슬퍼했는데. 나는 괜찮았어. 이 때문에 체질에 따라 논갈이의 농마로서, 운반용의 역마로서, 어린이를 위한 승마로서

 이용되고 있는 조랑말. 너는 한 번도 지워진 적 없는 문

장 같아. 조랑말의 머리는 큰 편이고 귀는 작다. 옆 사람은 많이 슬퍼했는데 너는 괜찮았다. 등허리가 곧고 길며, 꼬리에는 털이 많고. 너의 왼쪽에. 몇 번을 지웠다 겨우 그린 사람처럼.

ㅎ ㅇ ㅅ ㄴ ㄷ

이거 무슨 뜻일까

활엽수 농담한 이상 너도
형용사 냉동하였습니다
허언 세뇌 대학원생 난데
핫이슈는 다회용 수납대

여러 번 수납할 수 있다는 뜻이야
한 번만 수납할 수도 있다는 말이니

휴일 시낭독회에서 늙다
헛 예술 노동 후 읽습니다
흑역사 낭독했어 신난다

땡. 정답입니다.
꿈을 몇 개 꿨어?

많이
많은 얼굴

많은 열쇠
많은 너

행운 샀는데 하얗습니다
하연수는 동행 있습니다

더 많은 우리
우리가 잘하는 건 둥글고 넓은 농담
여러 번 담을 수 있는 비유
네가 우릴 어떻게 읽을지 궁금해

발음해 봐

읽을 수 없는 책

분실 도서
훼손 도서
절판 도서
모르는 말로 된
특정 시간대에 나타났다가
사라지는 책
훔친 책
책 속의 책
찌르는
친구에게 찢어 주고
한 장이 없는
한 장뿐인
친구를 닮은
불에 타서
쓰여지지 않아서
외워 버려서
모퉁이가
접힌

읽을 수 없는 책

유령서점

이 글은 최근 유령서점에 대한 근거 없는 소문이 급속도로 확산되는 것을 막기 위해 작성되었다

먼저 당신이 유령이 아닌 방문자라도 이곳에 입장할 수 있으며 흰색 사다리를 이용해 높이 있는 책을 꺼낼 수 있다는 점을 알린다 서점지기는 유령이므로 안심할 수 있는데 서점이 한가해 보일 때에도 사실은 붐비는 것일 수 있기 때문이다

서점지기는 항상 흰 천을 쓰고 있으나 흰 천 자체가 서점지기인 것은 아니다 이 간극으로 인한 피치 못할 소음이 발생한다 어떤 문장에는 바스락바스락 소리가 딸려 갈 수 있다

유령서점은 분실 및 도난 서적의 수가 매년 타 서점의 여섯 배에 달한다

는 사실 외에는 보통의 서점과 다를 바가 없다 무엇보다 유령서점이 최근 언덕 아래로 이전했다는 것은 사실이

아니다 유령서점은 개점 이래로 쭉 같은 자리에서 방문객들을 맞이하고 있다 당신이 유령서점을 오해하기 시작한 것이 언덕 위에서 더 이상 유령서점을 발견하지 못했기 때문이라면 그건 당신이 어떤 책 한 권을 훔쳤기 때문이다

  이 글은 서점지기에 의해 작성되었다
  서점의 문을 열고 들어오면 왼쪽 벽에 게시되어 있다

미도호스텔

3층 다음은 5층 사라진 층에 대해 이야기하는 중이었다 없다고 말하면 없는 게 되는 일들 수요일이 너무 자주와 일주일에 한 번은 오는 것 같지 수요일 다음은 화요일 미음 다음 디귿 자꾸

건너뛰게 되니까 미미는 호스텔에 삽니다 도도도 호스텔에 삽니다 오늘 아침 일층에 식빵 딸기잼 땅콩잼 띠고 커피를 차려 놓을 사람은 도도 며칠째 선재 씨가 보이질 않네 10월 8일 수요일 자전거 대여 미반납

장기 투숙객 선재 404호 복도 바닥 체스판 무늬 검정 하양 하나만 밟기 지워진 층에 가는 법 이쪽이야 아니 저쪽 왜 때려요 아야 과속방지턱을 지나도 마음이 걸리지 않는다 그럴 때 나는 불알을 발로 걷어차 버리는 상상을 해

금작화 가지로 만든 빗자루 불타는 대성당 힌트를 안 주고 싶지 내가 원할 때 건너갈 수 있게 문을 열자 높은 곳에서 고양이 미미가 뛰어 내려온다

도쿄

 쓰레기 저 주세요. 아니요 아직 남았어요. 우리는 이름이 같으니까. ソラ 당신이 써 준 내 이름은 가타카나인데 나는 히라가나밖에 읽을 줄 몰라서. 내내 의심을 하면서. 오나까스이따. 사무이. 그런 말들은 당신이 가르쳐 준 그런 말들. 일본어로 쓸 줄 몰라요. 당신은 내내 의심을 했고. 나는 빨간 체크무늬 테이블보를 자꾸만 잡아당겼어요 레몬진저티가 쏟아지지 않을 정도로만. 무서운 꿈을 꾸다가 똑똑. 문 두드리는 소리에 깨어났는데. 문 뒤에는 아무도 없는 거예요. 동전은 환전을 안 해 주는 거 몰랐거든요. 박물관에 데려가 주세요. 아이가 모형을 만지려고 할 때 소라, 다메요 다메 하는 소리가 들렸어요. 엘리베이터 화살표는 층에 닿자마자 줄곧 가리키던 방향을 바꿔 버리고. 쓰레기는 아니에요 아직은요. 남은 동전이 부딪치는 소리처럼 우리는 이름이 같았는데.

서양미술사

양반다리 아빠다리 어른다리 외투 구두 칸딘스키와몇몇동지들은새로운시대를예고하는당시의예술세계가지닌정신적측면과표현에있어서예술가가누려야하는자유를강조하며좀더개방적인노선을추구했다. 수업에 빠지고 싶었어. 왜 그랬게. 공중화장실 핸드드라이어로 손을 데우며 당신을 기다리는데. 손을 비비지 않으면 바람이 자꾸 꺼져서. 무언가를 평생에 걸쳐 추구한다는 건 어떤 걸까 생각했어. 로베르 들로네는 파리에서 뭘 하고 있었길래. 인간한테 하필 머리카락이란 게 있다. 그걸 구부리고 다시 펴고 물들이는 일이. 누군가의 꿈이 되고 직업이 되고. 평생에 걸친 추구가 되고 왜 그래야 해. 그들은 튀니지 여행에서 뭘 봤길래 손이 영영 따뜻해지지 않는 거야. 평생이라는 말을 쓰면 사람들이 웃잖아. 어떤 이야기에서는 머리카락이 전부 사라진다. 꿈도 일도 평생에 걸친 그런 것 다 사라진다. 는 이야기. 우리가 모두 아는 그 이야기. 당신과 그곳에 가고 싶다. 그곳에서 불 냄새를 맡고 싶다. 몇몇 동지들의 이름이 궁금해져서. 바람은 꺼지고. 당신의 그림자가 전화를 받고 있다 이 영역은 이제 앞으로 영원히 베이컨의 영역이 된 것이다.

피자인간

 사흘째 냉동 피자 그러다 네가 피자 되면 나는 먹어 버리는 수밖에 없잖아 그렇지만 피자보다는 네가 좋은데 족장이 말했다

 장터에 올린 개선손잡이와 슴베가 제법 팔리고 있다 우리 부족은 열세 명 여기는 공룡시대인데 피자는 버섯 냉동 피자 가위로 잘라서 먹는 피자

 족장에게 알리고 싶었어 피자를 여섯 조각으로 자르는 일에 대해 네 조각이나 여덟 조각으로 자를 수도 있었는데 그러지 않았던 일에 대해 그러니까 잘 드는 가위를 갖지 못한 무기 제작자로서의 삶도 있다고 말이다

 족장님, 그럴 때 난 늘 이상했어 브라키오사우루스를 사냥해서 먹는 인간 이를테면 색종이를 삼등분해 접으라고 할 때 항상 뭔가가 작고 큰데 전혀 작지도 크지도 않은 것처럼

 그렇게 납작해지고 싶지 않다 그러자 족장이 나를 한 입 베어 문다

 문을 열자 눈이 부셨고 머리가 조금 띵했다

재채기

그 애는 고양이 알레르기가 있어서
매일 재채기를 해
콧물을 뚝뚝 흘려
휴지가 없었으니까 재킷을 빌려준 거야
그 애는 차를 다 마셔 버리고는
콧물을 눈물보다 많이 흘렸어
감기는 아니었어 고양이 알레르기였어
재채기 재채기 그 애는 언제나
뭔가를 빌리는 게 간지러웠어
누구나 재채기를 할 땐
조금 멍청해지니까
그 애는 찻잔 받침을 싫어해
잔을 다시 거기에 두는 걸
빈 잔을 마시지도 못하면서
빈 잔을 치워드리고 싶어 하는
사람들 틈에서
축축한 재킷을 입고서 조금
덜 멍청해지자고 했어
더 이상 거품이

잘 나지 않는 비누처럼
그 애는 고개를 흔들며 재채기
재채기를 했고 고개를 들어
재채기를 했고 그 애는
재채기를 했어

그는 방금 새로운 단어를 배웠다

그의 문제는 잠을 너무 오래 잔다는 것이고 새로운 단어를 자꾸 배운다는 것이다 새로운 단어만 배우거나 잠만 오래 자는 사람은 괜찮지만 두 조건을 모두 충족한다면 이번 파티에 입장하는 것은 불가능에 가깝다

유령을 소환하는 법:
커튼으로 잠꼬대를 포획하기
단, 커튼에 무늬가 있으면 실패입니다

유령은 오래 잠자는 사람을 의미한다
유령은 남들보다 쉽게 피로해지는 사람을 의미한다
유령은 배터리가 98% 이하로 떨어지면 저전력 모드로 전환되는 사람을 의미한다
유령은 배터리를 90% 이상으로 충전시키는 것이 대부분의 상황에서 불가능한 사람을 의미한다
유령이 활성화되기 위해서는 12시간 이상의 숙면을 취해야 하는데 이는 인생 전체로 치면 남들보다 최소 7만 3천 시간을 더 잠들어 있는 셈이며 그가 너무 피곤한 나머지 깨어나지 않으면 남들보다 52만 5660 시간을 더 잠들어 있

게 된다 그리하여 이것은 파티에 입장할 수 없음을 의미한다

    유령은 슬픈 사람과 구분하기 어렵다

    너 울었어?
    그냥 하품한 건데

    유령의 집을 졸려 하지 않은 사람들만이 파티에 입장할 수 있기 때문이다

    어느 날은 자고 일어났는데
    그는 자신이 너무 오래 잤다는 사실을 깨달았다

    그래서
    좀 더 자기로 했다

    그가 긴 잠을 자는 동안
    바람이 커튼의 모양을 바꾸어 놓는다

낙원과 추방

 천국 혹은 극락의 이미지는 언제나 탐스러운 과일과 함께 그려지곤 한다 인간이 현대적 의미에서의 채식을 하기 이전에도 육식이나 채소보다는 확실히 열매의 이미지로 낙원은 존재했다 식물이 고통을 느끼는가에 관해서 과학적으로 명백히 밝혀진 바는 없지만 윤리적 동기를 가진 프루테리언들은 혹시 모를 식물의 고통을 염두에 두거나 인간으로서 환경에 미치는 영향력을 최소화하기 위해 식물의 배설물인 과일만을 섭취한다

4월 24일

4월 21일은 내가 태어난 날이다
아빠는 아니라고
4월 24일이 내가 태어난 날이라고 한다

그러나 나는
할아버지가 돌아가시기 3일 전에 태어났는데
어떻게 할아버지가 나로 환생했다는 건지

네가 네 생일을 잘못 알고 있구나

너는 서른 살이 된 적 없고
태어난 적도
버림받은 적도 없다고
우리도 실은 모르는 사이라고

신이 내게 얘기하는 동안에도
잠깐 다른 데를 보았다

사라지기 -막

나는 1의 서가로 사라졌었고, 이후에는 1의 서가에서 사라지는 방식으로 세상에서 완전히 사라졌다.

내가 발견한 작동법은 이렇다. 처음부터 곧장 세계에서 사라지고자 하면 실패하기 쉽기 때문에 마음 둘 작은 공간 하나만큼, 사람 한 명만큼을 남겨 두고 사라지는 것이다. 이제 그 작은 공간에서 사라지거나 그 한 사람을 잃고 나면 비로소 당신은 사라지게 된다.

이 이야기는 내가 겪기에 앞서 일어나고 있었고, 그렇기에 나는 과거에서 이 문장을 받아쓰고 있다. 내가 겪은 일을 이해하기 위해 시간을 구부러뜨릴 하나의 이야기가 필요하다.

마지막 얼굴은 빛을 등지고 있어 잘 보이지 않았다. 서가에는 그가 있었고, 나는 문을 열었고, 밖으로 나왔으며, 문을 닫았다. 그렇게 오랫동안 깊이 소망해 온 사라지기를 완수했다.

> 아래는 그날 풍경에 관한 당시의 기록이다.

오늘은 이 남자에 관해 읽었어.

너는 수상한 백인 할아버지 사진을 보여 준다. 덥수룩한 수염과 머리칼 사이로 조금은 섬뜩할 만큼 빛나는 눈이 보인다. 다를 바 없이 너는 새벽 동안 알게 된 것을 내게 들려준다. 사진 속 인물은 어느 순간 자신의 모국어, 영어라는 기호를 도저히 견딜 수 없게 되는데, 그 고통으로부터 생존하기 위해 언어를 변환하는 자기만의 대체 시스템을 발명한다. 그 밖에도 도박광이며 외계생명체에 관심이 많았고, 모국어의 고통은 어머니와의 뿌리 깊은 문제에 기인한 것으로 알려져 있다.

삶이 너무 불편해서. 필요에 의해서. 더는 참아낼 수 없어서. 간신히 견딜 수 있는 하나의 책을 짓고 그곳에 누군가 한 시절을 살았다는 사실에 우리는 깊이 감명받았다.

이 이야기의 첫 번째 단편을 현 위치에 두며, 이에 대한 책임은 우리에게 있다.

작품 해설

언어의 숨바꼭질로 저항하기

양경언(문학평론가)

　1966년, 시인 김수영은 「가장 아름다운 우리말 열 개」에서 시 「거대한 뿌리」의 '제3인도교'라는 표현이 실은 '제2인도교'를 잘못 쓴 것임을 고백하면서 이러한 과오가 예상치 못한 효과를 만든다고 전한다. 언급한 글에서 '과오'는 언제든 수정될 운명에 처해 있다는 이유로 만족을 지향하기 위한 '최고의 상상'을 불러오는 것으로 새롭게 의미화된다. 김수영은 자신이 저지른 과오를 통해 "모든 언어는 과오다. 나는 시 속의 모든 과오인 언어를 사랑한다. 언어는 최고의 상상이다 (……) 그것은 잠정적인 과오다. 수정될 과오"*라고 언어론을 밝히고 "이 수정의 작

---

* 김수영, 『김수영 전집 2』(민음사, 2003), 374쪽.

업을 시인이 해야"*한다는 결론에 다다른다. 자신이 살던 1960년대를 언어가 최고의 상상력을 발휘할 수 있는 주권을 잃은 때로 본 시인에게, 시는 그야말로 "그 시대의 언어의 주권을 회수해 주"는 것이었던 셈이다.**

실수와 실패를 좀처럼 용납하지 않는 2020년대 한국 사회에서 김수영의 과오 예찬은 현실적으로 한층 더 심오하게 그러나 모종의 해방감과 더불어 읽힌다. 생존을 미끼로 자본주의 체제나 가부장제의 모순에 순응하는 상태만을 삶의 '올바른' 형태로 용인하는 곳에서 시인이 "헛소리"를 통해 '수정될 과오'를 저지를 때, 다시 말해 "헛소리다! 헛소리다! 헛소리다!" 외치면서 혼돈을 끌어오고 급기야는 "헛소리가 참말이 될 때의 경이"***를 일으킬 때, 지금 사회가 요구하는 정답형의 삶만이 우리 삶의 전부가 아니라는 사실이 새삼 깨우쳐지기 때문이다. 이렇게 말해볼까. 과오는, 실수는, 실패는, 또는 망침과 어긋남, 손상과 허물어짐은 수치심을 느끼며 가려질 역사가 아니라 도리어 주어진 삶이 지긋지긋한 이들이 다르게 살기 위해 적극적으로 시도할 만한 전략이라고. 어쩌면 바로 그곳이야말로 질적으로 다른 삶의 진원지가 될 수 있다고.

* 같은 책, 378쪽.
** 같은 책, 378쪽.
*** 같은 책, 400쪽.

이 글은 김수영이 하려던 작업을 해선 안 될 일로 막아서기 급급한 지금 시대에 그것을 다시 시도함으로써 자신만의 세계를 개진시켜 나간 나하늘 시의 비타협적인 아름다움에 관하여 말한다.* 그 무엇보다 빠르고 정확하게 체제에 순응함으로써 '독자-대중'의 선두에 서고자 하는 장르로 알려졌던 시는 나하늘의 세계에선 그 무엇에도 구애받지 않는 속도로, 기꺼이 과오를 범하면서, 시대와 불화함으로써 '독자-시민' 옆에 선다.

완성보다 과정, 무언가가 되지 않기(unbecoming)

나하늘의 시에선 어딘가 잘못 쓰인 말들이 정해진 자리를 찾기는커녕 마음껏 길을 잃는 상황이 자주 벌어진다. 때때로 그것은 의미를 성립시키는 일에 실패한 초성들의 천진한 향연으로 나타나고("이거 무슨 뜻일까// 활엽수 농담한 이상 너도/ 형용사 냉동하였습니다/ 허언 세뇌 대학원생 난데/ 핫이슈는 다회용 수납대// (중략) // 더 많은 우리/ 우리가 잘하는 건 둥글고 넓은 농담/ 여러 번 담을 수 있는 비유/ 네가 우릴 어떻게 읽을지 궁금해",「ㅎㅇㅅㄴㄷ」), 같은

---

* 이 글에서 나하늘 시를 인용할 때는 인용 문구가 실린 쪽수나 시집 제목에 대한 표기 없이 작품 제목만을 표기한다.

말의 반복이 얼핏 의성어와 같은 역할을 맡기도 하며("그 애는 고개를 흔들며 재채기/ 재채기를 했고 고개를 들어/ 재채기를 했고 그 애는/ 재채기를 했어", 「재채기」), 문장의 어순을 엉망진창 흐트러뜨리면서 고독한 시간을 견디는 사람의 얘기로 그려진다("그의 방에 그 대신 남아 있던 문장이다 시간이 멈춘다면 광장도 밀실이다 그의 방에 그 대신 남아 있던 문장이다 시간이 멈춘다면 밀실이다 그의 방에 그 대신 시간이 멈춘다면 밀실이다 그의 남아 있던 문장이다 시간이 밀실이다 그 대신 있던 시간이", 「시간이 느리게 가는 시」). 망가진 문법으로 반음 정도 내려간 랩소디를 들려주는 시나("말비빔/ 뒤섞인/ 지리멸렬의 극심한 형태/ 처음과 끝이 이어지지 않는 목걸이/ 처음과/ 끝이", 「비빔말」), 동일한 초성의 의미 없는 행진이 우연히 의미를 반짝 생성시키는 시도 있다("아직 우왕좌왕 중인/ 오월/ 우월/ 웃음/ 울음/ 그리고/ 영원과 입원은 어원이/ 같다", 「ㅇㅇ」).

　시인은 줄곧 사람들의 머릿속에 으레 자리 잡고 있으리라 추정되는 완성형의 문장을 조각조각 오려 내어 그것들을 멀리 떨어뜨려 놓거나 접붙이는 작업에 몰두한다. 자발적으로 불안정성을 추구한다는 차원에서, 시인의 이와 같은 행위는 언어로 무언가를 통제하거나 장악하지 않으려는 방식으로 보인다. 통제력이나 장악력쯤은 오히려 시와 마주하고 있는 독자가 넘겨받아야 한다는 듯이, 나하늘은 "정확한 표현"이며 "원어 표현의 뉘앙스" 같은 것들은 마치 "스머지스틱"에서 피어오르는 연기처럼 손에 잘 잡히지 않는 흔적으로 남겨 두려 한다(「스머징」). 이때 필요한 건 그 흔적의 정체를 들여다보기 위해 독자 스스로가 자신의 내부에 라이터(lighter/writer)를 들이는 일.* 시인이 완성과 정답을 기피하는 불안정성을 감내하려 할수록, 독자는 시에 나름의 방식으로 어떻게든 참여해야만 하고(시집 곳곳에 독자들을 놀라게 하는 「문제 4」, 「문제 1」, 「문제 5」 등과 같이 '문제적인, 너무나도 문제적인' '문제 연작'을 떠올려 보라!), 그러는 사이 독자는 그간 알게 모르게 시를 통해 경험해 왔던 온갖 권력의 작동 방식 — 시인의 의도에 매달림으로써 작가의 통제와 장악을 강화하기 — 에 거리를 두게 되는 것이다.

말들이 오려지고 접붙여지는 동안 시의 '완성'은 요원할 수밖에 없다. 그러니 지금 이곳에서 시가 쓰이고 있다는 사실을 알리는 실질적 증거는 시가 쓰이는 동안 일어나는 언어적 과오만이 유일할 뿐. 확장해서 생각해 본다면 과오는 우리 삶이 거역할 새 없이 생생한 과정 중에 있음을, 아직 끝에 이르지 않았음을 일러주는 표식이다. 나하늘의 시는 잘못 쓰인 (것만 같은) 말들을 시에 들여와 예상된 무언가를 끝내 완성하지 않는(unbecoming) 상태를 지향

---

* 「스머징」에서 "라이터(lighter)를 사는(buying) 습관"이란 구절은 "라이터(writer)를 사는(living) 습관"으로 잘못 읽히기도 한다. 나하늘의 시는 언제나 오독의 가능성에 열려 있다.

한다. 이는 흔히 존재를 존재답지 않게 훼손시키는 것으로 알려진 손상에 대한 다른 이해를 도모하게 한다.

> 내 말들은 완전히 망가진 머리에서 나오는 언어였으며
> 말을 뱉거나 삼킬 때마다
> 얼굴의 한 부분이 계속해서 무너지는 소리를
> 선명하게 들을 수 있었다
>
> 비가 오는 날에는 비를 맞고
> 눈이 오는 날에는 눈밭에 발이 빠지면서
> 살고 싶다
> 겨울이 오고 싶다
>
> 여기까지 내가 삼킨 말 조각을 하나뿐인 나의 언니가 모국어로 옮긴 것이다
> ―「부상」에서

위 시에 따르면 '나'의 말들은 "완전히 망가진 머리에서 나오는 언어"이자 "얼굴의 한 부분"을 "계속해서 무너"뜨렸을 때야 선명하게 드러나는 언어이다. 시에서 '나'는 '병든 세상을 고스란히 앓는 시인'이라는 관성적인 비유에 빠져 감상적인 포즈를 취하는 기성 시의 뻔한 태도를 경계하면서, 누군가에게는 결코 비유일 리 없는 '망가지고'

'무너지는' 손상에 관한 운을 뗀다.

위의 시에서 손상은 '나'에게 반드시 도달해야만 하는 '미래'로 부상이 사라진 '회복'을 약속하면서 '아직 찾아오지도 않은' 행복에 미리부터 종속될 것을 요구하는 방식으로 자리하지 않는다. 그보다 시인이 강조하고 싶은 것은 손상 그 자체가 지금 이곳에서 살아 있는 그대로 살게 하는 ("비가 오는 날에는 비를 맞고/ 눈이 오는 날에는 눈밭에 발이 빠지면서") 생존의 조건이라는 것. 따라서 "겨울이 오고 싶다"라는 손상이 입혀진 문장 역시 우리는 비문을 통한 시적 허용이나, 다른 무언가를 꾸미기 위한 수사적 표현으로 읽지 않는다. 잘못 쓰였다고 여겨진 바로 그 자리에서 "겨울"은 "언니"와 '나' 사이에 대화가 형성될 때 스스로 펼쳐지는 풍경의 이름으로 있다.

"부상"을 입은 언어가 다른 무언가가 되지 않고 손상된 그대로 살아가는 상태를 보여 주기. 이를 통해 지금 세계가 추구하는 '손상 없는 완성'이란 거짓일 수밖에 없음을 알리기. 손상과 허물어짐, 망침과 어긋남, 실수와 실패……를 감당하는 일이야말로 과정 중인 삶으로부터 회피하지 않는 일임을 증명하기. 고쳐지고 수선하는 등 수정과 번역의 가능성에 기대어 계속해서 이어지는 삶의 형태를 구체화하기. 시인의 관심은 완성이 아닌 과정에 있다. 시에서 삶과의 어긋남이 일으키는 불쾌나("친구는 오랫동안 디스포리아를 느껴 왔고", 「문서 정보」), 비유가 읽히는 동시에 현실이 가려질 때 발생하는 불안("이것은 비유이다/ 그러므로 추방된다",「이 문장을 읽지 마시오」), 무언가가 분명히 남아 있기를 바라며 추진된 서사가 종국에는 아무것도 아닌 곳에 도달했을 때 맞닥뜨리는 허무("어떤 이야기에서는 머리카락이 전부 사라진다. 꿈도 일도 평생에 걸친 그런 것 다 사라진다는 이야기. 우리가 모두 아는 그 이야기.",「서양미술사」)는 그러므로 휘발시켜 버릴 게 아니라 적극적으로 품어 내야 하는 것. 나하늘의 시는 수정될 과오의 보관소다. 이는 나하늘의 시집에 담긴 모든 시가 해석이 요구된다는 인상을 남기는 이유이기도 하다.

'나타남'보다 '사라짐', 무언가를 하지 않기(undoing)

퀴어 이론 연구자 잭 핼버스탬(Jack Helberstam)은 미성숙에서 성숙으로, 아무것도 아닌 자에서 어엿한 사람으로 '발달'하는 것이 바람직하다고 여기는 지금 체제의 발전 중심 이데올로기를 훼방하기 위해 예술을 통해 '미래의 완결성'에 도달하려는 '자기 자신'을 적극적으로 파괴함으로써 반사회적인 메시지를 타진했던 1960~1970년대 퍼포먼스에 주목한다.* 그에 따르면 신자유주의적이고 가부장

* 잭 핼버스탬, 허원 옮김,『실패의 기술과 퀴어 예술』(현실문화, 2024).

적인 질서에서 무언가를 만들고, 세움으로써 무언가가 되고자 하는 일은 그러한 질서에 연루된 결과만을 도출할 위험이 있는 행위이다. '하기'만을 (과잉) 독려하는 세상에서 무언가가 되지 않고, 무언가를 만들지 않으려는 '하지 않기(undoing)'는 그러므로 "대항의 혁명적 언명"*으로 적극적으로 해석되어야 할 여지를 남긴다. 이와 같이 무언가를 하지 않는 "급진적 수동성"**은 나하늘의 시가 자주 꾀하는 전략 중 하나다.

현대인이 통신네트워크에 접속함으로써 존재를 무한히 확장할 수 있다면, 전자기기가 연장된 신체로서 나를 살고 있다면. 반대로 나를 끄고, 비활성화함으로써 나를 얼마간 축소하고 죽이는 것 역시 가능하지 않을까.

나는 사라졌었다.

어느 날 갑자기 사라진 것은 아니고 서서히 자취를 감추었고, 몇 해에 걸쳐, 아마도 베를린에 다녀오고 친척, 친구들, 지도교수 등등을 실망시키고 원성을 샀을 때부터.

—「사라지기 1」에서

* 같은 책, 283쪽.
** 같은 쪽.

사람을 살리는 데에는 여러 방법이 있겠지만 내가 발견한 사실에 의하면 최대한 죽음과 다름 없는 상태를 만드는 것이 좋다. 그러면 신체가 죽었다고 착각해서 얼마간은 죽음을 요구하지 않게 된다. 언니는 그것도 알고 있었다.

독서, 여행, 그리고 지속되는 누움은 죽음과 닮았다. 언젠가 너무 오래 누워 있었던 것에 대한 대가를 치르게 될까. 나 정말 게으르지. 게으르단 생각은 안 해 봤는데. 1이 답했다. 그러면 정말 누워 있지. 누워 있기는 하지. 나는 벌을 받는 중인 것 같다. 라는 생각에 한 주간 며칠 정도 영향 받았는지 묻는 문항. 그러니까 언니는 다 알고 있을까.

내가 살아 있었다는 걸. 질병이 벌이 아니듯이. 이 도시를 떠났기 때문이 아니라, 그 도시에 가면 속죄할 수 있다고 믿는 얼굴을 이해하는 한 사람으로 인해.

—「사라지기 2」에서

위의 시들에선 무슨 일이 벌어지나. 시에서 '나'는 "여기 없기만을 원했다는 걸 깨"닫고 스스로를 "비활성화"하는 작업을 수행한다. 이는 사회적으로 기대되는 역할로부터 허물 벗듯 벗어나는 행위이기도 하며("친척, 친구들, 지도교수 등등을 실망시키고 원성을 샀을 때부터", 「사라지기 1」), "망가지도록 내버려"두는 일들이 버젓이 일어나는 세상에서 강제로 주입되는 '잘 살고' '잘 지내야' 한다는 낙관의 잔혹성을 실감하는 행위이기도 하다("나는 언제나 그 이해가 의아했다. 사실은 잘 못 살았고 잘 못 지내고 있다는 게 뭘 해명해 주는 건지 그때는 알지 못했다.", 「사라지기 1」). 잭 핼버스탬을 빌려 말하자면 "행복의 추구가 바람직한 것이자 필수적인 것으로 여겨지며 자기에 관한 특정한 정식화(활동적이고, 주의주의적이고, 선택할 수 있으며, 추진력 있는 자기)가 정치적 영역을 지배하는 자유주의적 세계"(잭 핼버스탬, 앞의 책, 283쪽)의 정언명령을 「사라지기」 연작에서 나하늘은 마음껏 배반한다. '자기'를 자랑하고 전시하라고만 하는 존재 방식 — 땅과 수직관계를 맺으며 서 있는 예의 그 팔루스적 양태 — 에 피로를 호소하며 "최대한 죽음과 다름 없는" — 땅과 수평을 이루는 반팔루스적 양태로서의 — "지속되는 누움", 부재와 사라짐, 때때로 비가독성(「이 문장을 읽지 마시오」)으로 대항하는 시인의 '수동적 태도'는 자신이 원하지 않는 시스템에 말려 들어갈 가능성을 애초부터 차단함으로써 차라리 아무것도 정해져 있지 않은 '미지'를 향해 몸을 열어 두겠다는 '급진적 자세'로 전환된다.

흥미로운 점은 "반문장"(「사라지기 3」)같은 이러한 자세는 언제나 "언니"와의 관계 속에서 이해된다는 데에 있다. 「사라지기 2」에서 "언니"는 '나'의 삶의 최초의 장면을 "병실 간이베드"와 "이동식 도서관"이라는 타인들의 세계와 섞이게 해 준 존재이자, '나'가 "베를린에 가는 것을 사람들이 만류할 때 걔는 거기 가야 살아요, 하고 나를 변호했던 유일한 사람"으로 등장한다. '나'가 사라질 때마다 지금 이곳에는 '언니'라는 그림자가 드리워짐으로써 시인이 지속해서 추진하는 반동에는 (아직은 명료히 이름 붙일 수 없는) 새로운 세계를 '여기'에서 열어젖히고자 하는 열망이 채워져 있다는 것을 일러준다.

시인의 급진성은 겉으로는 '나'와 닮아 보이지만 '나'와는 전혀 다른 삶을 살아가는 '언니'와의 평행선 구도로 맺어진 관계성을 강조하는 데에서도 드러난다. 혹은 여러 시편에서 거듭 나타나는 '언니' 자매'의 존재를 퀴어 관계성으로 포착해도 무방하겠다("쟤네들은 자매일까 친구일까 아니면 파트너일까", 「숨을 수 있는 숲」). 시인은 어머니로 이어져 왔던 정태화된 '여성-되기' 계보에 닿으려 '하지 않는다.' '나'의 연속성을 보장하는 '어머니-딸'을 문제시하면서 '나'의 불연속성을 보증하는 '언니-동생'의 관계로 세계를 재배열할 때, 기존 질서가 이룩해온 역사에 대한 다른 시선이 확보될 수 있기 때문이다. 그럴 때, '찢겨진' "책"은 "악보"가, 지나가는 "행인"들은 "오케스트라"가, "오두막"은 "음악"이 될 수 있다(「사라지기 3」). 조화(symphony)도 불협(cacophony)도 아닌 희한한 화음의 색다른 연주회가 열릴 것이다.

작아지기는 변신술/둔갑술의 일종으로 통념과 달리 유용

하게 쓰일 수 있다 처음 이 주제가 연구되기 시작한 것은 한 마녀가 특정 상황에서 자신의 키가 미세하게 줄어든다는 것을 눈치채면서부터라고 알려져 있다 (……) 다시 커지는 법에 관해서는 단 한 가지만이 알려져 있다 타인 한 사람이 작아진 사람과 함께 작아져 주는 것이다 이외의 방법은 아직 밝혀지지 않았다

—「작아지기」에서

    원래 마녀였지만 더욱 마녀가 되기로 해서 친구들 앞에 공식적으로 발표했다 그러자 친구들이 생일 선물로 타로와 오라클 덱을 주고 명상에 도움이 되는 인간 형상의 밀랍초도 주었다 불을 붙이면 머리부터 녹거든 그 사실이 왜 마음을 비우도록 돕는지 이해 못 했다 어쩌면 그래서 내가 마녀인가 마녀는 생일에 소원을 빌지 않는다 마녀는 태어나는 게 아니라 길러진다는 말이다 (……) 마녀들은 기다란 초를 하나씩 들고서 바람에 촛불이 꺼지면 서로의 목숨을 빌려준다 어둠 속에서 각각의 생이 꺼졌다가 켜졌다가 망각되었다가 떠올랐다가 하는 모습이 보인다 우리 좀 더 모여 있자 가까이 있으면 살릴 수 있잖아 그러다 바람이 크게 불어 한꺼번에 잊혀지면, 다시 태어나면 돼 이렇게

—「마녀의 생일」에서

지금 세상이 요구하는 여성이 '되지 않기' 위해, 지금

체제에 동조하는 그 어떤 행위도 '하지 않는' 이들의 실천은 '마녀' 연작으로 쓰인다. 이를테면, 크고 원대한 규모만을 숭배하는 세상이 요청하는 화려한 여성상은 「작아지기」에서 "미세하게 줄어"드는, '작아지기'의 실천을 통해 비판의 대상이 되고, 돌봄노동을 위시하여 저 자신의 몸을 태우는 작업이 특정한 젠더에게 주어지는 상황은 「마녀의 생일」에서 "머리부터 녹"거나 "불타"는 '촛불'에 감정이입하는 '마녀'의 등장으로 문제화된다.

'마녀 사냥'이 머나먼 과거의 미신에 현혹됐던 사람들이 일으켰던 사건이 아니라, 여성의 노동, 신체적·성적 자율성을 파괴하는 사회 정치적 프로젝트로 대대적으로 이뤄져 왔음을 떠올려 본다면*, 나하늘 시에서 특정한 여성이 되기를 중단하고 '마녀'라는 '비존재(unbeing)'를 수행하는 작업은 부정성, 혹은 안티테제(反)로만 저항해야 하는 이들이 '사냥'의 표적물에서 벗어나는 동시에 주어진 모든 의례를 뒤집기 위해 마련한 틈새 전략으로 보이기까지 한다. 시인의 자서가 "말줄임표는 거기에 원래 말이 있었음을 나타낸다"는 단 한 줄로 이루어져 있다는 것을 상기해 보라. 나하늘 시에서 '마녀'는 지금 세상이 요구하는 특정한 부류의 여성으로 '있지 않음(unbeing)'으로 '있는' 존재다. 나타나기보다는 사라지기를 택하고, '하는' 것보다

---

* 실비아 페데리치, 황성원 옮김, 『캘리번과 마녀』(갈무리, 2011).

'하지 않는' 편을 택하는 이는 주어진 것을 곧이곧대로 받아들이지 않기 위해 언제나 뒤집어 생각한다. 마녀들이 서로를 지켜주는 가운데 빛이 꺼졌다 켜졌다 하는 「마녀의 생일」 속 따뜻하고 고요한 한 장면은 그러니까 칠흑 같은 어둠, 혹은 아무것도 없다고 여겨지는 암흑을 곧이곧대로 두지 않고 뒤집어 열어 보려는 나하늘적 시작(詩作)의 한 방편으로 쓰였다.

가속보다 지연, 언어의 숨바꼭질로 저항하기

이렇게도 말할 수 있겠다. 나하늘의 '되지 않기', '하지 않기' 실천은 서둘러 재촉해서 되는 게 아니라고. 늦은, 지연되는, 기다림을 요구하는 시의 시간은 지금 체제의 문제를 해결하겠다는 명분을 내세우면서 도리어 자본주의적인 원리를 최적화하는 '가속주의'에 제동을 건다. 가령 "베케트"를 '마녀'라 언급한 「교외실습」에서 시인은 베케트의 작품을 "시간을 다루는 법"에 골몰함으로써 "1막과 2막 사이의 시간을" "한없이 늘어뜨리는 데 성공"했다고 읽는다. 베케트를 경유하면서 시는 "생의 특정 구간"을 "지나가"도 되는 한 구간으로 유연히 받아들이는 연습의 중요성에 대한 말을 꺼낸다. 모두에게는 각자에게 맞는 생의 속도가 있다는 얘기다. 「(   )」의 경우는 어떨까. 이 시 곳곳에는

"말하고 싶은 생각을 친구에게 말하고 나면/ 말하고 싶지 않아질까 봐/ 말하지 않는" 표현의 기호로 '(   )'가 등장한다. '(   )' 안에 고정되어야 할 정답은 없으므로, '(   )'에 어떤 표현이 새겨질 시간은 한없이 늘어난다. 뿐인가. 지금 시대가 요청하는 '잘 사는 방법'에 구속된 채로 안부를 묻는다면 그러한 안부에는 영영 답을 하지 않음으로써 살아 있음을 회신하겠다는 「회신 지연」 역시 "시간을 구부러뜨릴 하나의 이야기"(「사라지기-막」)로 다가온다.

나하늘의 시는 '누구보다 빠르게'를 부추기는 시대적 요구에 구애받지 않고 시만의 속도를 지조 있게 지키는 편을 선호한다. 왜? 더 이상은 지금 체제의 질서를 고스란히 뒤집어쓴 채 살아갈 수 없기 때문이다. 빠르게 생산하고 빠르게 소비하는 데에만 일조해서는, 새로운 상품의 등장에 환호하기 바빠 지나간 모든 것을 낡은 것으로 치부해 버리는 세계를 수용하기만 해서는, 파괴적으로 망가져 가는 이 세계의 대안은 끝내 마련되지 못한다.

시인은 "버려진" 것들을 주워 "업싸이클링한" 세상이 가져올 미래는 생산과 소비의 속도를 부추기는 세상이 당도할 미래와는 다르다고 말한다.

여기까지 오는 길에

버려진 자동차 버려진 편의점 버려진 해안선 버려진 선생님 버려진 미끄럼틀을 보았다 버려진 이메일 버려진 접속사 버려진 횡단보도 버려진 여름 버려진 절멸 버려진 기쁨 버려진

단원들은 필요한 것들을 주워 가방에 담았다
이것은 버려진 비유를 주워서 업싸이클링한 문장이다

이 집의 주인은 어디로 간 걸까요 단원들은 마을 끝에서 한옥을 개조한 집을 발견했다 사람이 떠난 지 한참 된 집 같았다 불을 피우며 오늘 나열한 식물들과 동물들을 떠올리자 밤이 되었다 밖에서 괴생명체들이 무언가를 물어뜯는 소리가 들렸기에 단원 하나가 가방에서 미래를 꺼냈다 고장 난 거 아니에요? 미래는 잘 작동하지 않는 듯하다가, 이내 발가락을 한 번 꼼지락댔다 이런 이야기는 너무 밝아서 괴생명체들이 빛을 따라 몰려올지도 모를 일이었다

요즘 내가 누구인지를 자꾸 잊어요 단원 둘이 용기를 내 버려진 이메일을 꺼냈다 켤 수는 없었지만 작게 깜빡거리는 게 분명

어딘가에 도착한 적 있는 문장들 같았다 단원 셋은 커튼을 쳐 빛을 꼼꼼히 숨겼다 그러자 이곳은

밖에서는 볼 수 없는 그런 곳이 되었다

단원들만이 여전히 단원들을 볼 수 있었고
우리들만은 우리가 누구인지를 잊지 않았다

이것은 마을 끝에 버려진 집을 고쳐 지은 시이다

아침이 되자 단원들은 세상이 끝나기 전과 같이 청소를 했다
단원들이 그곳에 다녀간 일을 아무도 알지 못했고
미래만이 그 사실을 알고 있었다
     —「밖에서는 볼 수 없는 집 — 해양소녀단 일지」

 '해양소녀단'은 버려진 것들을 줍고, 재활용하면서, 고치고, 수선하고, 복구를 궁리하면서 세계를 탐험하는 존재들이다. 다시 말해 이들에게는 자신들이 움직인 방향에 따라 당도할 수 있는 만큼의 세계가 펼쳐진다는 것. 이들이 재활용으로 확보한 "미래"는 "밖에서는 볼 수 없는 그런 곳"에 자리한다. '밖'이란 표현으로 짐작해 보건대, 지금 이곳의 과오로부터 등돌리지 않고 수정 작업을 이어 나간 이들에게 세상은 지금 이곳을 넘어서는 '바깥'으로 확장되어 나타난다. 날이 갈수록 여러 문제가 극단적으로 팽창되어 나타나는 자본주의며 가부장제가 우리를 혼란스럽게 만드는 시대에 차분하게 이와 같은 작업을 이어가는 이들이 설마 있겠느냐고, 이런 일은 시에서나 표현

되는 것일 뿐이라고 의심하는 사람들에게, 시는 '해양소녀단'과 같은 존재들은 세상 구석구석에 숨어 있으니 — 하물며 이들의 자리는 "미래만이" "알고 있"으니 — 당신이 직접 이 숨바꼭질의 술래가 되어 그이들의 흔적을 찾아보라고 권하는 것만 같다.

요컨대 나하늘의 시 기저에는 '지금 이대로는 안된다'는 외침이, 다른 사회로 바뀌어야 할 필요성을 강조하는 지향성이 은은하게 배어 나온다. 시 곳곳에 영원히 채워지지 못할 빈칸을 남겨 둠으로써 사회적 참사로 발생한 상실에 대해 내내 생각하게 만드는「기다림」이나, 죽어 가는 "숨들의 서식지"로 살아 있는 것들의 자리를 살피면서 '활유'를 의문 없이 쓰던 시절을 떠나보내는「추도사」를 읽다 보면 독자는 '그렇다면 이제 우리는 무엇을?' 하고 질문을 던지게 된다. 우리가 사는 세상 곳곳에 숨어 있는 답을 찾기 위한 긴긴 시간이 어쩌면 우리에게는 필요할지도 모르겠다. 또한 이것이 나하늘의 시를 오래 읽어야 하는 이유일지도.

나하늘의 세계에서 시는 그 무엇에도 구애받지 않는 속도로, 기꺼이 과오를 범하면서, 시대와 불화함으로써 "더 큰 싸움, 더 큰 싸움, 더, 더, 더 큰 싸움……"*을 끈질기게 벌인다. 독자인 당신이 시집을 구매하는 소비자로서만이

---

* 김수영, 앞의 책, 416쪽.

아닌 시를 경험하는 살아 있는 독자로 이 언어의 숨바꼭질에 참여하기를 바라면서. 그리고 당신이 이곳을 다녀갔는지는 미래만이 그 사실을 알 것이다.

지은이 나하늘

1992년 서울에서 태어났다. 낭독으로만 존재하는 책 『Liebe』, 펼칠 수 없는 책 『은신술』 등을 만들었다. 제44회 김수영 문학상을 수상했다.

회신 지연

1판 1쇄 찍음 2025년 12월 4일
1판 1쇄 펴냄 2025년 12월 16일

지은이 나하늘
발행인 박근섭, 박상준
펴낸곳 (주)민음사

출판등록 1966. 5. 19. (제16-490호)
서울특별시 강남구 도산대로1길 62(신사동)
강남출판문화센터 5층 (06027)
대표전화 02-515-2000 / 팩시밀리 02-515-2007
www.minumsa.com

ⓒ 나하늘, 2025. Printed in Seoul, Korea

ISBN 978-89-374-0958-5 (04810)
    978-89-374-0802-1 (세트)

* 잘못 만들어진 책은 구입처에서 교환해 드립니다.

민음의 시
목록

001 **전원시편** 고은
002 **멀리 뛰기** 신진
003 **춤꾼 이야기** 이윤택
004 **토마토 씨앗을 심은 후부터** 백미혜
005 **징조** 안수환
006 **반성** 김영승
007 **햄버거에 대한 명상** 장정일
008 **진흙소를 타고** 최승호
009 **보이지 않는 것의 그림자** 박이문
010 **강** 구광본
011 **아내의 잠** 박경석
012 **새벽편지** 정호승
013 **매장시편** 임동확
014 **새를 기다리며** 김수복
015 **내 젖은 구두 벗어 해에게 보여줄 때** 이문재
016 **길안에서의 택시잡기** 장정일
017 **우수의 이불을 덮고** 이기철
018 **느리고 무겁게 그리고 우울하게** 김영태
019 **아침책상** 최동호
020 **안개와 불** 하재봉
021 **누가 두꺼비집을 내려놨나** 장경린
022 **흙은 사각형의 기억을 갖고 있다** 송찬호
023 **물 위를 걷는 자, 물 밑을 걷는 자** 주창윤
024 **땅의 뿌리 그 깊은 속** 배진성
025 **잘 가라 내 청춘** 이상희
026 **장마는 아이들을 눈뜨게 하고** 정화진
027 **불란서 영화처럼** 전연옥
028 **얼굴 없는 사람과의 약속** 정한용
029 **깊은 곳에 그물을** 남진우
030 **지금 남은 자들의 골짜기엔** 고진하
031 **살아 있는 날들의 비망록** 임동확
032 **검은 소에 관한 기억** 채성병
033 **산정묘지** 조정권
034 **신은 망했다** 이갑수
035 **꽃은 푸른 빛을 피하고** 박재삼
036 **침엽수림에서** 엄원태
037 **숨은 사내** 박기영
038 **땅은 주검을 호락호락 받아 주지 않는다** 조은
039 **낯선 길에 묻다** 성석제
040 **404호** 김혜수
041 **이 강산 녹음 방초** 박종해
042 **뿔** 문인수
043 **두 힘이 숲을 설레게 한다** 손진은
044 **황금 연못** 장옥관
045 **밤에 용서라는 말을 들었다** 이진명
046 **홀로 등불을 상처 위에 켜다** 윤후명
047 **고래는 명상가** 김영태
048 **당나귀의 꿈** 권대웅
049 **까마귀** 김재석
050 **늙은 퇴폐** 이승욱
051 **색동 단풍숲을 노래하라** 김영무
052 **산책시편** 이문재
053 **입국** 사이토우 마리코
054 **저녁의 첼로** 최계선
055 **6은 나무 7은 돌고래** 박상순
056 **세상의 모든 저녁** 유하
057 **산화가** 노혜봉
058 **여우를 살리기 위해** 이학성
059 **현대적** 이갑수
060 **황천반점** 윤제림
061 **몸나무의 추억** 박진형
062 **푸른 비상구** 이희중
063 **님시편** 하종오
064 **비밀을 사랑한 이유** 정은숙
065 **고요한 동백을 품은 바다가 있다** 정화진
066 **내 귓속의 장대나무 숲** 최정례
067 **바퀴소리를 듣는다** 장옥관
068 **참 이상한 상형문자** 이승욱
069 **열하를 향하여** 이기철
070 **발전소** 하재봉
071 **화염길** 박찬
072 **딱따구리는 어디에 숨어 있는가** 최동호
073 **서랍 속의 여자** 박지영
074 **가끔 중세를 꿈꾼다** 전대호
075 **로큰롤 해븐** 김태형
076 **에로스의 반지** 백미혜
077 **남자를 위하여** 문정희
078 **그가 내 얼굴을 만지네** 송재학
079 **검은 암소의 천국** 성석제
080 **그곳이 멀지 않다** 나희덕
081 **고요한 입술** 송종규
082 **오래 비어 있는 길** 전동균

083	미리 이별을 노래하다 차창룡	125	뜻밖의 대답 김언희
084	불안하다, 서 있는 것들 박용재	126	삼천갑자 복사꽃 정끝별
085	성찰 전대호	127	나는 정말 아주 다르다 이만식
086	삼류 극장에서의 한때 배용제	128	시간의 쪽배 오세영
087	정동진역 김영남	129	간결한 배치 신해욱
088	벼락무늬 이상희	130	수탉 고진하
089	오전 10시에 배달되는 햇살 원희석	131	빛들의 피곤이 밤을 끌어당긴다 김소연
090	나만의 것 정은숙	132	칸트의 동물원 이근화
091	그로테스크 최승호	133	아침 산책 박이문
092	나나 이야기 정한용	134	인디오 여인 곽효환
093	지금 어디에 계십니까 백주은	135	모자나무 박찬일
094	지도에 없는 섬 하나를 안다 임영조	136	녹슨 방 송종규
095	말라죽은 앵두나무 아래 잠자는 저 여자 김언희	137	바다로 가득 찬 책 강기원
		138	아버지의 도장 김재혁
096	흰 책 정끝별	139	4월아, 미안하다 심언주
097	늦게 온 소포 고두현	140	공중 묘지 성윤석
098	내가 만난 사람은 모두 아름다웠다 이기철	141	그 얼굴에 입술을 대다 권혁웅
099	빗자루를 타고 달리는 웃음 김승희	142	열애 신달자
100	얼음수도원 고진하	143	길에서 만난 나무늘보 김민
101	그날 말이 돌아오지 않는다 김경후	144	검은 표범 여인 문혜진
102	오라, 거짓 사랑아 문정희	145	여왕코끼리의 힘 조명
103	붉은 담장의 커브 이수명	146	광대 소녀의 거꾸로 도는 지구 정재학
104	내 청춘의 격렬비열도엔 아직도 음악 같은 눈이 내리지 박정대	147	슬픈 갈릴레이의 마을 정재원
		148	습관성 겨울 장승리
105	제비꽃 여인숙 이정록	149	나쁜 소년이 서 있다 허연
106	아담, 다른 얼굴 조원규	150	앨리스네 집 황성희
107	노을의 집 배문성	151	스윙 여태천
108	공놀이하는 달마 최동호	152	호텔 타셀의 돼지들 오은
109	인생 이승훈	153	아주 붉은 현기증 천수호
110	내 졸음에도 사랑은 떠도느냐 정철훈	154	침대를 타고 달렸어 신현림
111	내 잠 속의 모래산 이장욱	155	소설을 쓰자 김언
112	별의 집 백미혜	156	달의 아가미 김두안
113	나는 푸른 트럭을 탔다 박찬일	157	우주전쟁 중에 첫사랑 서동욱
114	사람은 사랑한 만큼 산다 박용재	158	시소의 감정 김지녀
115	사랑은 야채 같은 것 성미정	159	오페라 미용실 윤석정
116	어머니가 촛불로 밥을 지으신다 정재학	160	시차의 눈을 달랜다 김경주
117	나는 걷는다 물먹은 대지 위를 원재길	161	몽해항로 장석주
118	질 나쁜 연애 문혜진	162	은하가 은하를 관통하는 밤 강기원
119	양귀비꽃 머리에 꽂고 문정희	163	마계 윤의섭
120	해질녘에 아픈 사람 신현림	164	벼랑 위의 사랑 차창룡
121	Love Adagio 박상순	165	언니에게 이영주
122	오래 말하는 사이 신달자	166	소년 파르티잔 행동 지침 서효인
123	하늘이 담긴 손 김영래	167	조용한 회화 가족 No. 1 조민
124	가장 따뜻한 책 이기철	168	다산의 처녀 문정희

169	타인의 의미 김행숙	212	결코 안녕인 세계 주영중
170	귀 없는 토끼에 관한 소수 의견 김성대	213	공중을 들어 올리는 하나의 방식 송종규
171	고요로의 초대 조정권	214	희지의 세계 황인찬
172	애초의 당신 김요일	215	달의 뒷면을 보다 고두현
173	가벼운 마음의 소유자들 유형진	216	온갖 것들의 낮 유계영
174	종이 신달자	217	지중해의 피 강기원
175	명왕성 되다 이재훈	218	일요일과 나쁜 날씨 장석주
176	유령들 정한용	219	세상의 모든 최대화 황유원
177	파묻힌 얼굴 오정국	220	몇 명의 내가 있는 액자 하나 여정
178	키키 김산	221	어느 누구의 모든 동생 서윤후
179	백 년 동안의 세계대전 서효인	222	백치의 산수 강정
180	나무, 나의 모국어 이기철	223	곡면의 힘 서동욱
181	밤의 분명한 사실들 진수미	224	나의 다른 이름들 조용미
182	사과 사이사이 새 최문자	225	벌레 신화 이재훈
183	애인 이응준	226	빛이 아닌 결론을 찢는 안미린
184	애들아, 모든 이름을 사랑해 김경인	227	북촌 신달자
185	마른하늘에서 치는 박수 소리 오세영	228	감은 눈이 내 얼굴을 안태운
186	ㄹ 성기완	229	눈먼 자의 동쪽 오정국
187	모조 숲 이민하	230	혜성의 냄새 문혜진
188	침묵의 푸른 이랑 이태수	231	파도의 새로운 양상 김미령
189	구관조 씻기기 황인찬	232	흰 글씨로 쓰는 것 김준현
190	구두코 조혜은	233	내가 훔친 기적 강지혜
191	저렇게 오렌지는 익어 가고 여태천	234	흰 꽃 만지는 시간 이기철
192	이 집에서 슬픔은 안 된다 김상혁	235	북양항로 오세영
193	입술의 문자 한세정	236	구멍만 남은 도넛 조민
194	박카스 만세 박강	237	반지하 앨리스 신현림
195	나는 나와 어울리지 않는다 박판식	238	나는 벽에 붙어 잤다 최지인
196	딴생각 김재혁	239	표류하는 흑발 김이듬
197	4를 지키려는 노력 황성희	240	탐험과 소년과 계절의 서 안웅선
198	.zip 송기영	241	소리 책력冊曆 김정환
199	절반의 침묵 박은율	242	책기둥 문보영
200	양파 공동체 손미	243	황홀 허형만
201	온몸으로 밀고 나가는 것이다 서동욱·김행숙 엮음	244	조이와의 키스 배수연
		245	작가의 사랑 문정희
202	암흑향暗黑鄕 조연호	246	정원사를 바로 아세요 정지우
203	살 흐르다 신달자	247	사람은 모두 울고 난 얼굴 이상협
204	6 성동혁	248	내가 사랑하는 나의 새 인간 김복희
205	응 문정희	249	로라와 로라 심지아
206	모스크바예술극장의 기립 박수 기혁	250	타이피스트 김이강
207	기차는 꽃그늘에 주저앉아 김명인	251	목화, 어두운 마음의 깊이 이응준
208	백 리를 기다리는 말 박해람	252	백야의 소문으로 영원히 양안다
209	묵시록 윤의섭	253	캣콜링 이소호
210	비는 염소를 몰고 올 수 있을까 심언주	254	60조각의 비가 이선영
211	휠베르트 고양이 제로 함기석	255	**우리가 훔친 것들이 만발한다** 최문자

256	사람을 사랑해도 될까 손미	298	몸과 마음을 산뜻하게 정재율
257	사과 얼마예요 조정인	299	오늘은 좀 추운 사람도 좋아 문정희
258	눈 속의 구조대 장정일	300	눈 내리는 체육관 조혜은
259	아무는 밤 김안	301	가벼운 선물 조해주
260	사랑과 교육 송승언	302	자막과 입을 맞추는 영혼 김준현
261	밤이 계속될 거야 신동옥	303	당신은 오늘도 커다랗게 입을 찢으며 웃고 있습니까 신성희
262	간절함 신달자		
263	양방향 김유림	304	소공포 배시은
264	어디서부터 오는 비인가요 윤의섭	305	월드 김종연
265	나를 참으면 다만 내가 되는 걸까 김성대	306	돌을 쥐려는 사람에게 김석영
266	이해할 차례이다 권박	307	빛의 체인 전수오
267	7초간의 포옹 신현림	308	당신의 세계는 아직도 바다와 빗소리와 작약을 취급하는지 김경미
268	밤과 꿈의 뉘앙스 박은정		
269	디자인하우스 센텐스 함기석	309	검은 머리 짐승 사전 신이인
270	진짜 같은 마음 이서하	310	세컨드핸드 조용우
271	숲의 소실점을 향해 양안다	311	전쟁과 평화가 있는 내 부엌 신달자
272	아가씨와 빵 심민아	312	조금 전의 심장 홍일표
273	한 사람의 불확실 오은경	313	여름 가고 여름 채인숙
274	우리의 초능력은 우는 일이 전부라고 생각해 윤종욱	314	다들 모였다고 하지만 내가 없잖아 허주영
		315	조금 진전 있음 이서하
275	작가의 탄생 유진목	316	장송행진곡 김현
276	방금 기이한 새소리를 들었다 김지녀	317	얼룩말 상자 배진우
277	감히 슬프지 않을 수 있겠습니까? 여태천	318	아기 늑대와 걸어가기 이지아
278	내 몸을 입으시겠어요? 조명	319	정신머리 박참새
279	그 웃음을 나도 좋아해 이기리	320	개구리극장 마윤지
280	중세를 적다 홍일표	321	펜 소스 임정민
281	우리가 동시에 여기 있다는 소문 김미령	322	이 시는 누워 있고 일어날 생각을 안 한다 임지은
282	써칭 포 캔디맨 송기영	323	미래슈퍼 옆 환상가게 강은교
283	재와 사랑의 미래 김연덕	324	개와 늑대와 도플갱어 숲 임원묵
284	완벽한 개업 축하 시 강보원	325	백합의 지옥 최재원
285	백지에게 김언	326	물보라 박지일
286	재의 얼굴로 지나가다 오정국	327	기대 없는 토요일 윤지양
287	커다란 하양으로 강정	328	종종 임경섭
288	여름 상설 공연 박은지	329	검은 양 세기 김종연
289	좋아하는 것들을 죽여 가면서 임정민	330	유물론 서동욱
290	줄무늬 비닐 커튼 채호기	331	나의 인터넷 친구 여한솔
291	영원 아래서 잠시 이기철	332	집 없는 집 여태천
292	다만 보라를 듣다 강기원	333	제너레이션 김미령
293	라흐 뒤 프루콩 드 네주 말하자면 눈송이의 예술 박정대	334	화살기도 여세실
		335	우엉차는 우는 사람에게 좋다 박다래
294	나랑 하고 시픈게 뭐에여? 최재원	336	개안수술집도록 함기석
295	해바라기밭의 리토르넬로 최문자	337	아무도 미워하지 않고 한 계절이 지나갔다 김이듬
296	꿈을 꾸지 않기로 했고 그렇게 되었다 권민경	338	회신 지연 나하늘
297	이건 우리만의 비밀이지? 강지혜